平和への道Ⅱ

ほのぐらい灯心を消すことなく

松尾光章［著］

The Road to Peace II

The smoking flax shall he not quench

いのちのことば社

「また傷《きず》ついた葦《あし》を折《お》ることなく、
ほのぐらい灯心《とうしん》を消《け》すことなく、
真実《しんじつ》をもって道《みち》をしめす」（旧約聖書・イザヤ書四二章三節、口語訳）

「暗闇《くらやみ》と死《し》の陰《かげ》に住《す》んでいた者《もの》たちを照《て》らし、
私たちの足《あし》を平和《へいわ》の道《みち》に導《みちび》く」
（新約聖書・ルカの福音書一章七九節、新改訳２０１７）

「主《しゅ》は国々《くにぐに》の争《あらそ》いを裁《さば》き、多《おお》くの民《たみ》を戒《いまし》められる。
彼《かれ》らは剣《つるぎ》を打《う》ち直《なお》して鋤《すき》とし
槍《やり》を打《う》ち直《なお》して鎌《かま》とする。
国《くに》は国《くに》に向《む》かって剣《つるぎ》を上《あ》げず
もはや戦《たたか》うことを学《まな》ばない」（旧約聖書・イザヤ書二章四節、新共同訳）

はじめに

思いがけない新型ウイルスの出現で、仙台への帰省もままならず、東京の一室に閉じこもる生活が続いています。何かしなければと思う気持ちが募り、始めたのが一昨年（二〇一九年）春「いのちのことば社」から発刊した拙著、『平和への道～傷ついた葦を折ることなく～』の続編を発刊する準備でした。

前著のサブタイトルであるイザヤ書四二章三節からの引用聖句が、対の言葉になっていないことが気になっていたので、本のタイトルは『平和への道Ⅱ～ほのぐらい灯心を消すことなく～』としました。二つで一つということです。

前回の上梓にあたっては、池田香代子氏、早野　透氏、山田厚史氏の三人（デモクラシータイムス同人）のご推薦をいただき、表紙の帯にお名前と推薦文を掲載することができました。そして今回も推薦者をお引き受けくださり大変光栄に思います。

また、宮城学院院長、嶋田順好氏が月刊『いのちのことば』（二〇一九年八月）に身に余る書評をお寄せくださり、感謝に堪えませんでした。

この推薦文と書評は今回の拙著にも共通することを思い、巻頭にご紹介して感謝の意を表したいと思います。

また、前著発刊後、日本キリスト教団日本橋教会の宍戸基男牧師のご厚意により、同教団改革長老教会協議会、季刊誌『教会』秋季号に「私の原点『戦争と平和』」が掲載されました。感謝の意を込めて本著の「序章」として用いさせていただくことにしました。

辞任を直前にした首相が、「敵基地攻撃能力」の議論を促す異例な「安全保障政策談話」を発表し、新政権での検討を求めました（二〇二〇年九月十一日）。

前政権の政策を継承すると公約した新首相、今度もまた過去の歴史に目を閉ざす政権です。早くも日本学術会議の人事に介入し、学問の自由を侵しています。

二十年にわたり国会傍聴を継続されてきた西川重則氏（日本キリスト改革派東京教会名誉長老、「平和遺族の会全国連絡会」代表等、二〇二〇年七月逝去、九十二歳、『わたしたちの憲法』いのちのことば社、等）は、「戦争は国会から始まる」が持論でした。

秘密保護法の委員会審議（二〇一三年十一月）以来、傍聴を共にし、同氏と同じ思いから、前著の終章を「剣《つるぎ》を取るものは皆、剣で滅びる」（マタイ二六・五二）とし、本著では「剣《つるぎ》を打ち直して鍬《すき》とし　槍《やり》を打ち直して鎌《かま》とする」（イザヤ二・四）としました。

本著一章は前著に続き、宮城学院中高在職中の「始業礼拝で話したこと」五十話です。讃美歌、聖書朗読で始まる十五分間の始業礼拝、そこで語ったその日に割り当てられた聖書箇所についての七、八分の奨励です。ほとんどが高校生に話したもので、前著は新約聖書、旧約聖書の順に、本著は旧約聖書の話から目次の順序に配列しました。前著と合わせて百話になります。

聖句は一九九三年までは日本聖書協会発行の口語訳聖書、その後は新共同訳聖書によります。文語体表記を用いたものもあります。そのため「詩篇・何篇」、「詩編・何編」、マリヤ・マリア、ギリシャ、ギリシアなどの異なった表記があることをご理解ください。文中の（　）内は主に出典と参考書籍で、礼拝では触れていません。

讃美歌は私の記録に残っているもののみを記しました。時間的に一曲・二節程度の合唱で、私の在職中は『讃美歌21』はまだ使用されていませんでした。

第二章の「朝日新聞『声』への投稿文」は、直接平和への願いを込めた社会、政治への批判と提案です。前著では三章に、「朝日新聞『声』に掲載された投稿』として十三の投稿を取り上げましたが、本著第二章には二〇一二年四月の初投稿から二〇二〇年二月までに投稿した中から五十八回分を収録しました。その多くは国会傍聴などを基にした安保・原発・憲法、平和問題についてのもので、未だ一つとして解決されていない問題です。いつのことからか「声」の編集に変化があり、字数も五百五十字程度から五百字程度となりました。新聞紙上での数字はアラビア数字が用いられていますが、本著では第一章同様できるだけ漢数字にしました。

二〇二一年（戦後七十六年）一月

著　者

前著『平和への道～傷ついた葦を折ることなく～』推薦者の言葉

池田香代子氏（翻訳家・作家。『世界がもし一〇〇人の村だったら』『夜と霧』）

磨きこまれた黒大理石のような聖典《カノン》に、そのときどきの社会や政治が影を落とす。移ろわぬものが移ろうものをとらえるとき、規範《カノン》が命を得て立ち上がる。その四十年の記録を前に、襟を正す自分がいる。

早野　透氏（桜美林大学名誉教授・コラムニスト・朝日新聞元編集委員）

貧しき者、弱き者、罪ある者にやさしく寄り添うイエス・キリスト……。「理科の先生なのにクリスチャンなんですね」と教え子から親しまれる一教師がつづる温かき信仰告白、そして目は世界へ日本へ、戦争はあらゆる罪の集大成、憲法九条こそ、と心に刻む物語に胸うたれました。

山田厚史氏（ジャーナリスト・同志社出身・朝日新聞元編集委員）

六歳で終戦、父は戦死、家は空襲で焼かれた。聖書の光に導かれ、時代と向き合い、社会を考え抜いたひとりのキリスト者は「剣を取るものは皆、剣で滅びる」と訴える。このメッセージに至る精神の軌跡をまとめた本書は、私たちが人生を考える「道しるべ」になる。

［書　評］

アモス的預言の奨励集

宮城学院 学院長　嶋田順好《まさよし》

すぐれた奨励集である。ぜひ手にとって一人でも多くの方に読んでいただきたい。何よりも罪と死と滅びに勝利された復活の主の栄光を仰ぎつつ、キリストの贖罪愛に応え、服従せんとする証人としてのキリスト者がここにいる。だからこそ本書は、この時代の根底に巣食う人間の罪をするどく剔抉《てっけつ》し、悔い改めを迫るアモス的預言の奨励集となっている。いつの間にか言論の質は地に堕ち、侵略と敗戦の歴史を忘却の彼方に押しやらんとする言説が満ちる時代となってしまった。その時代のただなかで「過去に目を閉ざす」ことなく、常に御《み》言葉によって刷新されつつ、「平和への道」を希求せんと願う著者の一貫した姿勢に胸を打たれる。

著者は一九六五年四月から二〇〇三年三月までの三十八年間、宮城学院中学校高等学校の理科（中学）、化学（高校）の教師、教頭をされた信徒である。本書の構成は以下のとおり。序章には同窓会ホームカミングデーでの奨励「私たちの使命」、第一章には始業礼拝で生徒たちに向けて語った五十編、第二章には著者が所属する教会・伝道所での奨励五編、第三章には朝日新聞「声」欄に掲載された投書十三編、そして終章にはこれも「声」欄に投稿した「剣《つるぎ》を取る者は皆、剣で滅びる」が収められている。

学校礼拝の時間は十五分しかなく、実質の奨励時間は八分前後となる。短時間なのでテキストの丁寧な講解をする余裕はなくなり、どうしても主題的な奨励とならざるをえない。実はそこに御言葉から離れる誘惑と罠がある。主題的であってもあくまで求められることは、独りよがりの人間的な奨励ではなく、御言葉に即した奨励をすることにほかならない。その点においても、本書は優れた奨励集となっている。聖書理解とその背景に関する知識の的確さはもとより、化学の教師とはいえ、人文・社会科学に関わる広く深い教養に裏付けられた適切な例話の数々に圧倒され、瞠目させられる。ことに奨励の課題を抱えて途方に暮れているキリスト教学校教師の皆さんには、よき模範となる奨励集といえよう。

（『いのちのことば』二〇一九年八月号、掲載）

目次

第二章　朝日新聞「声」への投稿文

終　章

序章

私の原点「戦争と平和」

私が生まれた一九三九年は日中戦争から太平洋戦争へと向かういわば戦中で、東京日本橋浜町で生まれた。私の誕生日を知った高校の恩師が「ああ、御名御璽《ぎょめいぎょじ》（天皇の名前と印）か」と呟いたことがあった。「朕惟《ちんおも》フニ」から始めて「明治二十三年十月三十日御名御璽」まで一気に朗読するのが教育勅語奉読である。

一九四二年六月二十六日早朝、両親の所属する教会の蔦田二雄《つただつぎお》牧師はじめ同派の教職九十六名が治安維持法違反で一斉に検挙された。このことは妹尾河童氏の『少年Ｈ』（講談社文庫）にも出ている。その秋、長老であった父が徴兵され、戦地中国に赴いた。

教団日本橋教会の教会史『百年の歩み』の一九四二年に、「戦時下の政府の聖教会（ホーリネス）弾圧により、日本橋区芳町にあった同派の教会の蔦田二雄牧師も逮捕され、同教会は解散を命じられた。日本橋教会は慎重な考慮の後、同教会の信徒三十名を受け入れたが、その後は、官憲の目が厳しく礼拝も国民儀礼を行って始めなければならず、教会が国民貯蓄組合を結成したり、飛行機献納献金をするなど、国策に協力しなければならなかった」とある（『日本橋教会百年の歩み』日本キリスト教団日本橋教会、一九七九年）。

また、同じ聖教会(ホーリネス)への弾圧を題材にした『紅葉《もみじ》の影に』(石浜みかる著、日本基督教団出版局、一九九九年)には「キリスト教主義の学校も同じだった。礼拝を中止した学校もあった」、「礼拝を守り続けた学校も、礼拝時には宮城遥拝をおこない、讃美歌とともに大伴家持の長歌の一節を歌った」とある。「天皇のおそばで死のう、後悔はない」という意味の「海ゆかば」(作曲、信時潔)である。

一九四四年の秋、強制疎開で母の実家のある宮城県に疎開、一九四五年三月十日の東京空襲で浜町の自宅焼失、七月十日、父が済州島沖で戦死。一月後の十五日敗戦。

翌一九四六年四月、仙台市の小学校(国民学校)入学。校門の側に二宮金次郎の石像と、立ち木に囲まれて奉安殿があり、「御真影」と「教育勅語謄本」とが保管されていた。敗戦翌年でも法安殿に向かって礼をする「学校儀礼」は行われていた。間もなく法安殿は解体撤去され、その場所には粗末な木のベンチと長い机がロの字形に据えられ、「青空教室」として教室不足を補った。ここで食べた学校給食の始まり、ララ物資かユニセフか、乾燥リンゴの食感は八十歳になる今も忘れない。

キリスト教主義学校の教員と教会の長老職を退き上京して十年、この春(二〇一九年三月)、「いのちのことば社」から『平和への道~傷ついた葦を折ることなく~』を発刊した。化学工場勤務から教員に転職した一九六五年から二〇〇三年の定年までの間に、始業礼拝で話した奨励を一章に、定年後の教会での奨励を二章、朝日新聞「声」掲載投稿文を三章として載せ、読書対象を主に在職校はじめキリスト教主義学校の卒業生とすることができた。

　キリスト教学校教育同盟に加盟しているプロテスタント系学校は百二校、在籍生徒・学生数は三十四万四千人（二〇一九年五月一日）、現存する卒業生の統計は存在しないが、おそらくわが国のキリスト教徒百二十万人（人口の一％と言われてきた。『キリスト教年鑑』二〇一九年三月によれば実際の教勢はカトリック四十三万四千、プロテスタント五十五万五千、正教会一万）よりは多いのではないだろうか。在学中、始業礼拝・宗教行事・聖書の授業で学び、年何回かの教会礼拝出席を課され、キリスト教理解者となったであろう学生が、卒業とともに元号・日の丸・君が代の天皇制もどき社会の波に流されるのをそのままにしておくのはもったいない。卒業後の教会のフォロー・働きかけは、信徒の拡大のためにも必要であろう。

　私はキリスト教主義学校の教師である教会の長老として、教会内に留まっていて、外に働きかけることが少なかったことに負い目を感じてきた。引退して上京し、拙著を上梓したのもこのことと無関係ではない。上京後親交ができた教会外の三人の識者（池田香代子、早野透、山田厚史の各氏）に予め読んでいただき、寄せられた推薦文を本の帯に掲載することができた。お陰で、右傾化、軍事化の様相を呈し、人間の尊厳が踏みにじられ混迷を深める社会にあって、聖書の言葉が、人々に希望と慰めを与えるばかりでなく、憲法九条同様、社会規範としても必要であることを確信して拙著を発刊することができた。是非多くのキリスト教学校卒業生に読んで貰い、聖書の言葉を規範として困難な社会を生き抜いていってほしいと願っている。その意味でこの出版は広い意味で伝道だと思う。規範から信仰へと導かれることを願ってやまない。翻ってキリスト教主義学校の卒業生を含む教会外の一般の人々への聖書による働きかけはどうなされているだろうか。日本キリスト改革派教会政治基準四四条（教師の資格）に「この職務を担当する者は……家をよく治め、家の外でもよい名声を得ていなければならない」とある。これはテモテへの手紙一、三章七節の「更に監督は、教会以外の人々からも良い評判を得ている人でなければなりません」に基づくものだが、どれだけの教師が教会外の人にその存在を認識され信頼を得ているだろうか。一般の人にも影響を与える行動力、発言力のある教師が少ないように思われる。「自分の兄弟にだけ挨拶したところで、どんな優れたことをしたことになろうか。異邦人でさえ、同じことをしているではないか」（マタイ五・四七）（注、ここでの教師とは牧師）

私は原発事故後の反原発集会をはじめ、秘密保護法、安保関連法、共謀罪法、憲法九条改定反対集会等に出席、国会傍聴も続けてきているが、キリスト教の立場の教師、専門家の発言者の不在を残念に思っている。その点、「安倍靖国違憲訴訟」、「天皇即位・大嘗祭違憲訴訟」の原告弁護団長は日本キリスト改革派教会の木村庸五長老であり、原告の中に日本キリスト教団等の教師も加わっていることは、戦争に反対し、憲法を守ろうとする良識ある人々からは歓迎されていると思う。

わが国のキリスト教伝道における最大の障壁は戦前の天皇制と戦後のその「名残ともいうべ

き天皇制」である。現政権は様々な情報操作によりこれを利用し、憲法を蔑ろにした政治を行っている。改元による新時代到来ムードの中、どれだけの人が政教分離を定める現憲法との関連で改元や即位、大嘗祭などの行事を受け止めているだろうか。自民党改定憲法草案では、第一条に「天皇は元首」とあり、第四条に元号制定が定められている。一九七九年、法的名分がない「元号法」を定めたため、象徴天皇の影ともいうべき戦前の天皇、即ち、自民党草案の元首としての天皇であるかのように象徴天皇の政治利用が現政権の下で行われている。

改元名発表後の談話で首相は、元来元号は中国の古典を原典としてきたが令和は国書・万葉集に由来するとし、元号は「日本国民の精神的な一体感を支えるもの」と語った（二〇一九・四・一、朝日新聞朝刊、四・二）。首相の言う「精神的な一体感」とは戦前の皇国史観に基づく天皇主権下の精神的一体感、即ち、教育勅語の一旦緩急あれば一身を皇国に捧げ、戦死すれば英霊として靖国神社に合祀《ごうし》顕彰されることを最高の美徳とし、侵略戦争を聖戦、自存自衛戦争とする首相（日本会議）の精神への一体感だ。戦前回帰の精神を国民に求め、戦争のできる国造りにワイルドに歩を進め、多額な武器装備を購入し、辺野古新基地建設工事を進め、尖閣諸島周辺に自衛隊基地を増設中である。

拙著『平和への道〜傷ついた葦を折ることなく〜』の発刊日は東京空襲の記念日。主に私の人生の原点、戦争と平和について述べたものだが、日本基督教団の「戦責告白」（本書一二六頁）を今再び読む必要があるのではないかと感じる昨今である。

二〇一九年・戦後七十四年、夏

（日本基督教団改革長老教会協議会、季刊『教会』二〇一九年秋季号掲載文の一部字句を修正し、注書き等を加筆）

第一章　始業礼拝で話したこと

神の作品

〈創世記一・二七、マタイ二五・一四―三〇〉

母のおなかの中にいる子供に向かって電話でもかけるように「お前はこの世界に生まれて来るかどうか、よく考えた上で返事をしろ」と大きな声で父親が尋ねると、おなかの中の子供は、多少気兼ねでもしているような小さな声で、「僕は生まれたくありません」と答えたという。芥川龍之介の『河童』という小説の中のお話です（『河童・或阿呆の一生』新潮文庫）。

私たち人間は河童より後《おく》れているのか、進んでいるのか分かりませんが、未だかつて自分の意志でこの世に生まれて来たという人は誰もいません。では、誰の意志によってこの世に生を受けているのでしょうか。両親でしょうか。では、その両親は誰の意志によってでしょうか。そのまた両親は、そのまた両親はと辿っていくと「アダムとエバ」に行き着き、そしてこの二人を創造したのは神、というのが旧約聖書『創世記』の世界です。

日本語では「私は生まれた」と言いますが英語では「I was born」と、「私は生まれた」ではなく「生まれさせられた」と受動形で表現します（『吉野弘詩集』「I was born」新選現代史文庫、思潮社、前著一三二頁）。自分の意志で、自分の力で生まれたわけではないので、「生まれさせられた」という表現です。では、誰によって生まれさせられたのか、「by God」「神によって」が省略されているとみるのがキリスト教的な見方だと思います。わが国でも、親たちは「子供を授かった」といいますし、塩釜神社などに詣でて「授けてください」と願ったり、安産を祈願したりしています。人間を超えた存在を意識して願っているのです。

私たちは自分の意志でも両親の意志でもそのまた両親の意志でもなく、神の意志によって生まれさせられたというのが聖書の世界です。

創世記の一章二七節に「神は自分のかたちに人を創造された。すなわち、神のかたちに創造し、男と女とに創造された」、二八節に「神は彼らを祝福して言われた、『生めよ、ふえよ、地に満ちよ』」と記されています。したがって私たちは神によって創られた「神の作品」として、互いに他を尊敬し合い生きていくことを期待されているのです。

また、新約聖書のマタイ二五章一五節に「それぞれの能力に応じて」「タラントを与えて」とあり、ローマ人への手紙一二章六節には「わたしたちは与えられた恵みによって、それぞれ異なった賜物を持っている」とあります。そしてそのタラント・賜物を十分伸長、発展させていくことをマタイ福音書の二五章で求められています。

ですから私たちはそれぞれ神の作品として、自信を持って、互いに他を尊敬し合い、各自に与えられた賜物を伸ばし合って生きていくことが期待されている、というのがキリスト教的、有神論的人生観の基本の考えだと思います。

すでに船は出港しました。いつまでも船の後方に立って、見送りに来た人たちを懐かしむのではなく、船の先頭に立って、進行方向を確認して次の港を目指して同船の仲間と共に元気に進んで行ってほしいと願っています。

（高一オリエンテーションキャンプ開会礼拝、一九九一・四・二六）

イサクの誕生

〈創世記二一・一―七、讃美歌五二二〉

きょうの聖書の箇所は、アブラハムとサラの夫妻に神が約束した通り、男の子が与えられ、その名前をイサクと名づけたというお話です。

両親がクリスチャンの家庭をクリスチャンホームといいますが、クリスチャンホームに子供が生まれると、両親はよく聖書の中から、あるいは聖書の言葉にちなんだ名前をつけることが多いようです。旧約聖書の中からは、ナオミとかルツとかセツとか、男の子であれば、ヨシヤとか今日《きょう》のイサクという名前もよくつけられます。高一の英会話を教えておられるカミングス先生のところは徹底していて、七人の子供さん全員が聖書に出てくる人物の名前です。マタイ、マリヤ、ダニエル、テモテ、カレブ、ルカ、エステルという具合です。かく申します私も五十数年前、牧師さん（妹尾河童著『少年H』に出て来る蔦田二雄牧師・イムマヌエル綜合伝道団創設者）が、マタイ福音書五章一四節「汝らは世の光なり」から取ってつけてくれたのだそうです。おかげで、このように光っています。

アブラハムとサラの子イサクは、英語でIssac（アイザック）で、アイザック・ニュートンなどでおなじみの名前です。イサク（アイザック）は「私は笑う・笑い」という意味だそうです。文字通り笑ってしまうのですが、本学院の先生が十数年前にアメリカに留学してその機会に名前を「愛作」と書いてアイザックと読むように改名しました。音楽の先生ですから、アイザック・スターンにあやかったと聞いています。

さて、信仰の父とよばれるアブラハムは、それまで住んでいたハランという所を出るように神に命じられます。ここからアブラハムの波乱万丈の生涯が始まったのです。

アブラハムとサラは長い間子供に恵まれなかったのですが、アブラハムが九十九歳になった時に、神が彼にのぞんで「彼女によって、あなたにひとりの男の子を授けよう」（一七・一六）と言われました。自分は百歳近く、サラは九十歳にもなるのに、今さらどうして子供が生まれようかとアブラハムは心に思い、サラもいまさら、そんなことがあるものかと心の中で笑いました。神は二人が自嘲的にあざ笑ったことを心にとめて、生まれてくる子を「私は笑う」という意味の「イサク」と名づけるように命じました。そして今日のところで、アブラハムは生まれた子をイサクと名づけ、サラは「神はわたしを笑わせてくださった。聞く者は皆わたしのことで笑うでしょう」（二一・六）と喜びました。神はアブラハムとサラの自嘲的な笑いを、心からの喜びの笑いにかえてくれたのです。

人間は笑うことのできる唯一の動物だと言われます。アリストテレスは、笑いによって人間が他の動物から区別されると考えたそうです（宮田光雄『キリスト教と笑い』岩波新書）。

先週、日本の茶の間をなごやかな笑いの渦に巻き込んでくれている『サザエさん』の作者、長谷川町子さんが人知れず静かに亡くなられていたとの報道がありました（一九九二年五月二十七日死亡、報道は一か月後、七月一日朝日新聞）。人を笑わせるために、夜も眠れずに、胃に穴があくほどの苦痛を重ねる。これほどのユーモアはありません。イエス・キリストの自己犠牲により、私たちが罪から解放され、心から笑うことができることと似ていると思います。

ローマ人への手紙四章一八節に「彼は望み得ないのに、なおも望みつつ信じた。そのために、『あなたの子孫はこうなるであろう』と言われているとおり、多くの国民の父となったのである」とあり、ヘブル人への手紙一一章一節には「さて、信仰とは、望んでいる事がらを確信し、まだ見ていない事実を確認することである」とあり、さらに八節には「信仰によって、アブラハムは、受け継ぐべき地に出て行けとの召しをこうむった時、それに従い、行き先を知らないで出て行った」、一一節「信仰によって、サラもまた、年老いていたが、種を宿す力を与えられた。約束をなさったかたは真実であると、信じていたからである」とあります。アブラハムが信仰の父とよばれるゆえんです。

かくてアブラハムとサラの自嘲的な笑いは心からの喜びの笑いに変えられました。ここに神のユーモアを見出し、私たちもまた、望み得るものばかり望むのではなく、望み得ないはるかなものを望みつつ生きる生き方のすばらしさを体験し、心からの喜びの笑いを笑えるようになりたいと思います。

（一九九二・七・六）

無抵抗

〈創世記二六・一七―二二〉

創世記は天地創造に始まってアブラハム、イサク、ヤコブ、ヨセフと続くいわゆる族長物語を通して、イスラエル民族三千年の歴史において、神がいかにイスラエル民族を特別に選ばれた民として導き、守り、祝福したかについて述べています。

ある作家は、この族長の順序を彼らの名前のはじめの文字をつないで「アイヤー、ヨッ」と、おはやしのようにして覚えることを勧めています（阿刀田高『旧約聖書を知っていますか』新潮社、一九九一年）。

さて、今日の創世記二六章はイサクだけについて書かれている数少ない章です。イサクはその父アブラハムとその子ヤコブの間にあって、活動範囲も狭く、格別な特色もなく、あまり目立たない存在かも知れません。彼はよい父に恵まれ、よい妻を与えられ、また、よい環境のなかで生涯を過ごしました。その特徴的な性格は、温厚で素直、「温順」とか「温柔」という言葉がふさわしい人物です。

イサクについて何といっても思い出すのは、モリヤの山の光景です。父アブラハムが神の命令通り、イサクを燔祭として捧げようとした時のイサクの信じられない従順さです。創世記二二章九節以下にこう記されています。

「彼らが神の示された場所にきたとき、アブラハムはそこに祭壇を築き、たきぎを並べ、その子イサクを縛って祭壇のたきぎの上に載せた。そしてアブラハムが手を差し伸べ、刃物を執ってその子を殺そうとした時……」。

イサクはその時何歳だったのでしょう。もし、阻もうとするなら老人アブラハムの手を容易にはねのけることはできたでしょう。しかし、彼は小羊のように素直に従順に横たわったのです。それから二千年後、生贄の小羊としてイエスが十字架にかかられたのですから、そのさきがけとしてのイサクの態度は、神への服従あるいは従順の模範として讃えられてきたのです。

さらに彼の素直さは、配偶者選びにも示されました。創世記二四章にその美しい物語が記されています。最良の妻リベカを選ぶ際にも、神と父にまったくゆだねて、自らは選ぼうとしなかったのです。これもまた、私たちには信じられないことです。

一週間ほど前、統一協会の合同結婚式というのがありました（毎日新聞・夕刊、一九九二・八・二五）。配偶者を教祖、文鮮明に一任するのだそうです。信じられますか。統一協会というのは、キリスト教とはまったく関係のない、犯罪組織に近い、いかがわしい団体です。合同結婚式は霊感商法と言われる彼らの経済活動同様、文鮮明の資金集めの手段なのです。一人から百万円近いお金をとって一度に何百億円もの大金が韓国の文鮮明の手に転がり込むという仕掛けになっているのです。アイドル歌手のSさんなども犠牲者ではないでしょうか。まだ宗教だと錯覚していますから結婚願望の強い素直な女性たちを引きずり込む恐れがあるわけで、彼女らも加害者側になっていくのです。

統一協会、原理運動、勝共連合、霊感商法は組織の活動です。世界基督教統一神霊協会というのが正式な名前ですから、「統一協会」と書くべきところを「統一教会」と表示し、残念ながら新聞もそう書いています（浅見貞雄著『統一協会＝原理運動・その見極めかたと対策』日本基督教団出版局、一九八七年）。

皆さんも、町や駅などで声を掛けられても、ものを売りに来ても、募金を求められても応じないでください。彼らは決して統一協会（教会）と名のらないし、布教活動はビデオを使って教養講座のように行うそうです。洗脳されやすい皆さんは十分注意してください。

イサクの嫁選びの話から意識的に脱線しましたが、たしかに、箴言一九章一四節に「賢い妻は主から賜わるものである」とありますが、この主とはイエス・キリストの父なる神であって、決して文鮮明ではありません。

さて、今日の聖書の箇所にもイサクの人となりがよくあらわれています。

イサクの富が増すに従ってペリシテ人は彼を妬んで、彼の所有である井戸をふさいだ。しかし、彼は黙々と井戸を掘った。イサクの僕たちが谷の中を掘って湧き水を見つけた。するとゲラルの羊飼いたちが「この水はわれわれのものだ」と言って羊飼いたちと争ったので、イサクはその井戸をエセク・競争と名づけ、それを与えてしまった。さらにまた一つの井戸を掘ったが、これも争ったのでシテナ・敵と名づけてそこも去った。また、一つの井戸を掘ったが、今度は争わなかったのでレホボテ・広場と名づけてそこに住んだ。

イサクは無抵抗主義者の元祖と言っても言いすぎではありません。後のイエスの言動に、このイサクの無抵抗主義を見ることができるように思います。

イエスは、「ののしられても、ののしりかえさず、苦しめられても、おびやかすことをせず、正しいさばきをするかたに、いっさいをゆだねておられた」（一ペテロ二・二三）。「もし、だれかがあなたの右の頰《ほお》を打つなら、ほかの頰をも向けてやりなさい。あなたを訴えて、下着を取ろうとする者には、上着をも与えなさい。もし、だれかが、あなたをしいて一マイル行かせようとするなら、その人と共に二マイル行きなさい。求める者には与え、借りようとする者を断るな」、「敵を愛し、迫害する者のために祈れ」（マタイ五・三九―四四）。イサクにも増して、イエスの言動に圧倒させられます。

（一九九二・九・二）

ヤコブ物語より

〈創世記三一・四三—五五〉

　ガラテヤ人への手紙六章の七節に「人は自分のまいたものを、刈り取ることになる」とあります。ヤコブは父イサクをだまして、兄エサウから長子権を奪ったことの報いを、思いもよらない形で受けることになりました。兄エサウの報復を恐れて、裸一貫で逃げ込んだ母親リベカの郷ハランで、まさに波乱に満ちた二十年を送るはめになりました。好きになった美しい従妹のラケルをめとる約束で働いたはずの七年間でしたが、結婚式の翌朝、隣に寝ていたのは姉のレアでした。ヤコブはラケルを妻とするためにさらに七年、計十四年働かされ、その上さらに六年間の労働を強いられたのでした。

　かつて父親イサクをだましたヤコブと、そのヤコブをだました伯父ラバン、一体どちらが狡猾だったのでしょう。まさに「人は自分のまいたものを、刈り取ることになる」もののようです。しかし、ヤコブも負けてはいません。二十年の間に多くの家畜と奴隷と金銀財宝を蓄えます。そのことが伯父ラバンとの対立を生み、兄エサウとの和解のための家畜、財産をたずさえて、父イサクの住むカナンへと脱出を試みたのでした。その脱出の際、ヤコブの妻ラケルは、父ラバンの大事にしていた守り神の偶像（アイドル）、テラピムを盗み出します。盗まれたことに気づいたラバンは、血相を変えてヤコブたちの後を追い、七日目に追いつき、そのアイドル、テラピムを探し出そうと天幕の中をかたっぱしから調べますが見つかりません、ラケルが生理中を理由にうまく父親をだましたのでした。ヤコブは妻が盗み出していたことをいっさい知らないわけですから、アイドルが出てこなかったことを理由に、脱走の正当性を主張し、伯父ラバンとの和解にもちこみます。その和解の約束の場面が今日《きょう》の聖書の箇所です。

この一連のヤコブの物語を通し考えさせられることは、人間のおもしろさ、おかしさ、おろかさということだと思います。人間というものは、意識的であれ、無意識的であれ、だまし、だまされつつ生きているということ。だまし、だまされつつの人間関係、そのおもしろさ、おかしさ、おろかさということだと思います。人間同士の和解とか信頼とか約束というものも、本当は相互の誤解の上に成り立っているのかも知れない。互いに本当だと思っていることも、実はうそだと気づいていないだけのことだという人間のおもしろさ、おかしさ、おろかさです。

当人はまったく真剣で、深刻に悩んでいることも、はたからは時としてユーモラスに見えるのも、人間のもつおもしろさ、おかしさ、おろかさなのでしょう。創世記を読むと、そのような人間の本性が包みかくさず、赤裸々に記されていて、ほっとさせられるものがあります。そのように記すことによって、何を読者に語ろうとしているのでしょうか。時として激しいいくつもの小さな流れが、一つの大河となって、一筋に大海に注ぐように、旧約聖書はいくつもの人類の過ちや破廉恥や繁栄と滅亡を神の意志という一筋の流れの中に包括して、イエス・キリストによる救いと希望という大海原を目指して、悠々と流れている大河のように思われます。

先日、スペースシャトル・エンデバーから地球を見た毛利衛さんは「地球上では時間も場所もすべて相対的であり、絶対的ではない」というメッセージを伝えてきました。九十分で地球の上空を一周する乗り物に乗れば、地球上の一日のうちに十六回もの日の出と日の入りを経験できるのですから、太陽を基準とした一日は人工衛星では十六日ということになります（朝日新聞「米シャトル打ち上げ」一九九二・九・一三）。創世記五章五節に「アダムの生きた年は合わせて九百三十歳」、八節に「セツの年は会わせて九百十二歳」とあります。とても信じられません。しかし、地球上ではすべて相対的ですから、何を基準にするかで変わるので、必ずしも間違いとは言えないのかもしれません。

しかし、このところに、誰にでも信じられ、正しいと理解される事実が記されています。五節、八節、一一節、一四節、一七節、二〇節の最後は皆「そして彼は死んだ」となっています。人間は皆死ぬということ。絶対的な存在ではないということです。

人間の歴史を超えて、人間の歴史を支配する絶対者である神を信じることなしには、人間そして地球は、あまりにも頼りないというのが、宇宙規模からみた人類、そして地球ということではないでしょうか。そのような全宇宙の支配者としての神という存在を教えてくれる書物として、創世記は貴重だと思います。

（一九九二・一〇・二）

GO DOWN MOSES

〈出エジプト記五・一―九〉

いま私たちは「出エジプト記」を学んでいます。エジプトの奴隷として自由を奪われ、過酷な労働を強いられ、日々悲惨な生活を送ったイスラエル民族の人々の出来事を、現代の私たちは自分の問題としてどのように受け止め、どのように理解したらいいのでしょう。平和で豊かなこの社会にあって、人々は本当に自由に生き生きと生活しているでしょうか。無気力、無関心、無感動、無責任と、三無主義、四無主義が叫ばれて久しい高校生たち。物質的に豊かになればなるほど、反対に、暗く重く覆いかぶさってくるこの無力感はいったい何なのでしょう。私たちもまた、何かの奴隷となっているのではないでしょうか。お金の奴隷、便利さの奴隷、ブランド品の奴隷、グルメの奴隷、偏差値の奴隷……。そのような奴隷状態から脱却して、本当に自由な、希望と喜びに満ちた生き生きとした生活は可能なのでしょうか。

今月の礼拝のテーマは「脱出」となっています。古い、暗い、重い自分の殻を破って、何らかの奴隷状態を逃れて、新しい生命力に溢れた自由な自分へと脱出できる可能性を聖書の中に追い求めていきたいものです。

古い昔のイスラエル民族の「脱出」の物語を、現在の自分の問題として受け止め、考えてみてほしいと思います。

その昔、はるかアフリカの大陸からアメリカに無理やりつれて来られて、奴隷として日々過酷な労働を強いられ、悲惨な生活を余儀なくされた黒人たちにとって、この「出エジプト記（EXODUS）」はあたかも自分たちの物語のように映ったにちがいありません。

彼ら黒人たちは、この聖書の物語を自分流に解釈して、素朴で感動的な歌につくりあげました。「黒人霊歌（Negro Spirituals）」です。その中でも、もっともよく知られたものの一つに「ゴー・ダウン、モーゼス（ゆけ、モーセ）」があります。「モーセよ、南にくだって、エジプトのイスラエル人を救え」の意味ですが、その歌の中で、「レット・マイ・ピープル・ゴー（わたしの民を去らせよ）」というゆっくりしたリフレインがくりかえされます。

これは五章の一節、「わたしの民を去らせ（なさい）」をそのまま歌詞にしています。モーセがエジプトの王パロに対して、何回となく、イスラエルの民をエジプトから去らせてくれるように交渉する場面をあらわしています。しかし、十一回にもおよぶ交渉にもかかわらず、エジプトの王パロは、モーセとその兄アロンの要求をかたくなに拒否しつづけます。

神はそのようなエジプトに対してさまざまなわざわいを降すのですが、「ゴー・ダウン、モーゼス」の中では、出エジプト記一一章四節と五節から引用して、こう歌っています。

「主のみことばはつぎのよう、雄々しくモーセは言いました。わたしの民を行かせなさい。さもないと、あなたの初子を打って滅ぼそう。わたしの民を行かせなさい」

では、この黒人霊歌「Go Down Moses」を宮城学院高校男性（教員）合唱でお聴きください。

（一九七九・一〇・五）


(Negroという言葉が差別的な意味を持つようになった現在では、単に「Spirituals」あるいは、「African-American Spirituals」と呼ばれている)

彼岸

〈民数記一・一―四、讃美歌三五八〉

「暑さ寒さも彼岸まで」といいますが、今年も異常気象ということでしょうか、暑さはとうの昔に去ってしまったようです。昨日は秋分の日、この前後三日を彼岸というのだそうで、昨日はその中日、どこのお寺も人が出ていたようです。

ところでこの「彼岸」という言葉は、ご承知の通り仏教の言葉で、こちらの岸、「此岸《しがん》」に対して、向こうの岸、かなたの岸をいうのだそうです。そしてその「此岸」と「彼岸」の間を流れるのが、人間には百八つの煩悩があると言われますが、「煩悩の川」。したがって、「彼岸」というのは、汚れた世俗、「此岸」を越え、煩悩の川を渡った向こうの世界、世俗に打ち勝ち煩悩を滅却した悟りの世界、というのが「彼岸」という言葉だとむかし教えられました。

悟りの世界に入るということがどんなことなのか私にはわかりませんが、形の上では、キリスト教でいう「出エジプト」"EXODUS"という言葉を、この「彼岸」という言葉と対応させることができると思います。

エジプトの奴隷だったイスラエルの民が、モーセに率いられてエジプトを脱出し、約束の地、乳と蜜の流れる地といわれるカナンに向かったと同様、私たちもまた、自らの罪とけがれの奴隷の状態から脱して、信仰の世界に向かって歩むことを聖書は教えています。

エジプトを出て三か月してシナイのふもとにたどり着いたイスラエルの民が、シナイから約束の地カナンまで、ほぼそれまでと同じ道のりを行くのに、なぜさらに三十九年も要したのか。荒野を越え、ヨルダン川を渡り、カナンに着くことが彼らの「彼岸」だとすれば、もっとずっと早く、三か月ほどで到着できたのに、なぜ四十年も費やさねばならなかったのか、その辺の事情を記してあるのが、きょうから礼拝で学ぶ『民数記』です。旧約聖書の民数記の次の申命記の二章一四節には「カデシ・バルネアを出てこのかた、ゼレデ川を渡るまでの間の日は三十八年であって、その世代のいくさびとはみな死に絶えて、宿営のうちにいなくなった。主が彼らに誓われたとおりである」とあるので、約四十年ということなのでしょうが。

「民数記」というのは、一章の、民の数を数えるという人口調査からきている表面的なタイトルで、一章の一節に出ています「荒野において」という方がよりふさわしいタイトルだとされています。民数記はイスラエルの民が荒野を旅する姿を描いているからです。先ほどの「此岸」と「彼岸」の間を流れる「煩悩の川」におぼれるごとく、エジプトを出たイスラエルの民は、約束の地を前にして、彼岸成就を目前にして、四十年も荒野をさまようことになりました。

なぜそんなことになってしまったのかを『民数記』から学ぶことは、われわれの集団にとっても意義深いものがあると思います。

（一九八二・九・二四）

ながい旅

〈民数記二七・一二―一四、讃美歌三一〇〉

人生はしばしば旅にたとえられます。はてしない長い旅にです。

いま学んでいます波乱に満ちたモーセの生涯は、旅にたとえられるというよりむしろ、旅そのものだったと言えると思います。

俳人芭蕉の一生の総決算ともいうべき句に、「旅に病んで　夢は枯れ野を　かけめぐる」というのがありましたが、モーセの生涯はまさに、荒野をかけめぐった生涯でありました。

エジプトで生まれ、ナイル川に流され、パロの娘に拾われ、同胞の救いのために立ち上がり、それに失敗し、ミデアンの地に逃れ、再び主に召し出されて、イスラエルの民を救うべくエジプトに遣わされ、パロと争い、同胞に背かれ、外からも内からも責められ、また苛酷な自然条件に苦しめられながら、荒野をさまようこと四十年。

その波乱に満ちた百二十年におよぶ生涯も、いま終わろうとしている。約束の地カナンを眼下に望みつつ、いま終わろうとしている、というのが、先ほど読みました『民数記』二七章の箇所です。

このへんの事情は、『申命記』三四章に詳しいので引用しますと、「モーセはモアブの平地からネボ山に登り、エリコの向かいのピスガの頂へ行った。そこで主は彼にギレアデの全地をダンまで示し、ナフタリの全部、エフライムとマナセの地およびユダの全地を西の海まで示し、ネゲブと低地、すなわち、しゅろの町エリコの谷をゾアルまで示された。そして主は彼に言われた、『わたしがアブラハム、イサク、ヤコブに、これをあなたの子孫に与えると言って誓った地はこれである。わたしはこれをあなたの目に見せるが、あなたはそこへ渡って行くことはできない』」(三四・一―四)。

カナンを目の前にしながら、ささいと思われる出来事によって、神の怒り、不興《ふきょう》をかい、モーセとアロンはカナンに入ることを許されなかったのです。

目的達成、彼岸成就を目前にしながら死んでいったモーセ。このことは私たちの人生を象徴しているかのようです。しかし、これは決して悲劇的な結末ではありません。確かに、目的を達成して死んで行くならハッピーエンドといえるでしょう。しかしハッピーエンドはエンドであって終わりです。神を信じる者の人生には終わりがない、エンドレスである。たとえ肉体は滅びても、魂は彼《か》の地において神とまみえるというのがキリスト教信仰だからです。

乳と蜜の流れる地、カナンを遥かに見晴るかしながら、与えられた人生を終わろうとしているモーセと同様、キリストを信じる者がこの世のさまざまな罪や悪と戦いながら歩み続けるときも、遥かな平安な未来が約束されているということなのです。

したがって、このモーセの生涯の終わりは、悲愴な中に、雄大で荘厳、厳粛な神の愛につつまれた真のよろこびと希望に輝いていたということだと思います。

はじめに歌いました讃美歌三一〇番の中に、

そびゆるピスガの　山の高峰《たかね》より　ふるさとながめて　昇りゆく日まで

とあります。きょうの聖書の箇所を意識した歌詞だろうと思います。

私たちも、現実という荒野を闘い歩みつづけるときに、永遠の未来が約束されているということを信じて、永遠の未来を信じて、現実を真剣に生きていかねばならない、ということを教えられるのです。

（一九八二・一〇・二二）

幸福の扉

〈ヨブ記三五・一―一六〉

世の中が不況だということでしょうか、苦しいときの神だのみ、正月三が日に神社仏閣に詣でた人は八千五百四十四万人と昨年より五十四万人も多く、過去最高だったそうです。必要なものはみなそろっていて、もうほしいものはなくなったといわれるわが国にあって、真冬のまだ明けきらないうちから神社仏閣に詣でて、人々は何をこい願い祈るのでしょうか。

山口瑞鳳という仏教学者で、チベット学をやっている人が、「『現世利益』と『げんぜりやく』」という文章を書いて、日本の仏教が、御利益宗教になりさがっていることや、仏教学者が「りやく」ということを人々がまちがって理解しているのに、それを指摘しないでいることを嘆いていました（『図書』一九九三年九月、岩波書店）。

その人の話を要約すると、「広辞苑にも『げんせりやく』とでていて、『現世において神仏から受ける利益』と書いてあるがこれは間違いで、仏教では、『げんぜりやく』といい、他利、すなわち他者の利益を目的とし、それを成就しようとする行為を自利、すなわち自分の利益として、自分の目的としてまいしんしようという悟りの境地に達することを『げんぜりやく・現世利益』すなわち、『御利益』というのだというのです。

それを人々が、他者の利益、すなわち、他利のためではなく、自分の利益、自利を目的として、それを得ることが「御利益」だと信じ参拝しているのに、誰も口をつぐんでその誤解にふれようとはしない。いわゆる「御利益」を願う対象として祀られているのではないことをよく心得ているはずなのに、その誤解にふれないのは、仏教学者やその研究者自らが、仏教業の実益を喜んでいるからではないかと、するどく批判していました。ということは、もともと神社仏閣に詣でても人々が願うような御利益は得られないという発言になります。他利を成就するための行為を自利とする悟りの境地に達することが本当の御利益の意味だと知ったならば、人々は、それでも朝早くから神社仏閣にでかけるでしょうか。

キリスト教は御利益宗教ではありません。人間の欲望と闘う宗教です。ヨブのように、どんなにまじめで、正しく、潔癖でも、御利益どころか財産は奪われ、子供も奪われ、病気にさえなることもあるのです。ヨブ記の最初で「ヨブが、利益もないのに神を敬うでしょうか」(一・九)というサタンの一言から、神はその言葉を否定する証明のために、ヨブは苦難の檻の中に入れられたのです。しかし、ヨブの不幸を見舞いに来た三人の友人たちは、ヨブが苦難にあっているのは、ヨブの犯した罪の報いなのだと、くり返し、くり返しのべています。よいことをすれば報われ、悪いことをすれば罰せられるという賞罰応報主義は、どこか御利益主義と似たところがあるように思われます。

ヨブの激しい叫びにもかかわらず、沈黙し、顔をかくしていた神が、つむじ風の中から現れた時、神は強情なまでに自己主張したヨブをよしとされ、三人の友人たちに対しては、四二章七節で友人の一人に「わたしはお前とお前の二人の友人に対して怒《いか》っている。お前たちは、わたしについてわたしの僕ヨブのように正しく語らなかったからだ」と三人の友人を叱りました。神はヨブをよしとし、三人の友人を非難したのです。神はヨブのなにを評価されたのでしょうか。

私はこのむずかしいヨブ記をお芝居かミュージカルにしたらどうなるかということを、十一月に話しました（前著「賞罰応報主義」一八一頁）。ヨブと友人三人の論争の場面をお芝居にするとしたら、思いきってヨブを「苦難という名の檻」の中に入れて、三人をその外において論争させるとわかりやすいのではないかと思いつきました。そして檻ですから鍵がかけられている。友人三人はその鍵が内側からもかけられていると信じこんでいて、しきりにヨブに自分から内側からも開けるようにすすめている。しかし、ヨブは鍵は内側にはなくて、外からかけられていて、鍵は神様だけが持っていると信じているから友人との話がかみあわない。

このような設定を考えるヒントになったのは、ヨブ記に深い影響を受けたというキルケゴールという神学者の若いときの言葉に次のようなものがあることを見つけたからです。

「幸福の扉は内開きで、突進すれば押し開けられるというふうになっているのではなく、外開きになっている、だからわれわれにはどうしようもないのだ」（『キルケゴール著作集第一巻・あれか、これか』浅井真男・志波一富訳、白水社、一九六三年）。これに倣えば、「苦難から出る扉は外開きで、突進すれば押し開けられるというふうになっているのではなく、内開きになっている、だからわれわれにはどうしようもないのだ」ということになります。

外側の鍵の持ち主を神と信じきったところにヨブの偉大さがあり、神はその信仰をよしと評価されたのではないだろうかとヨブ記を読んで思いました。長くて重い友人との論争の第二幕もそろそろ終わりになります。

（一九九四・一・二一）

私の反省

〈ヨブ記四二・一―六、創世記三・一五―一七〉

今年も早いもので、半年が過ぎてしまいました。今年は早いだけでなく、一年の終わりに出される十大ニュースがこの半年で全部出尽くしてなお余りあるほど、実に多くの事件や災害がありました。まさに文字どおり世紀末的様相を呈しています。

神を畏れず、自分を神とする日本の社会というものを、戦後五十年の節目を迎えて、もう一度改めて一人ひとり自分の人生との関わりとして、問い直さざるをえない状況となっているのかと思われます。

私個人のこととしては、疎開してきて五十年、父が戦死して五十年、東京空襲で家が焼かれて五十年と、戦争と共にあった五十年でしたが、このところ例年にない変化がありました。

昨年末に思いがけず入院することになり、皆さんにご心配いただいたのでありますが、今年の年賀状で近況を、「秋なれや鳴り物いりで入院し」と書いて、もう若くないことを自分に言い聞かせました。今になればはずかしい話なのですが、医者嫌いと称して、自分の体力を過信していたのでしょう。何十年と病院にはいかず、胃の定期検診も受けずにおりました。その結果、吐血して倒れ、救急車で、鳴り物いりで入院するというまことに野蛮なことをしでかしたのです。オープン病院の院長に「なぜこんなになるまで放っておいたのですか」とあきれられ、学校の養護教諭の先生には、「ガマンのレベルを下げなさい」と言われました。本当は面倒くさがりで、臆病なだけなのですが、ほかからは頑固一徹のように見えるようです。入院を心配して、いろいろな方々が見舞いに来てくれました。そして、このときばかりと日頃の不養生と働きすぎをいさめられました。

あるとき、三人の親友がやってきて同じように批判して帰っていきました。まるでヨブのようだと思いました。おかげで、反論しつづけるヨブの心境がわかったような気がしているところに、教会の首藤牧師からお見舞いの手紙をいただいて、やっぱり素直に自分のありのままを認めなければならないのかなと思いました。先生の手紙には、ヨブ記の四二章一節から六節を読むようにとあったのです。

「ヨブは主に答えて言った。あなたは全能であり御旨の成就を妨げることはできないと悟りました。『これは何者か。知識もないのに神の経綸を隠そうとするとは。』そのとおりです。わたしには理解できず、わたしの知識を超えた驚くべき御業をあげつらっておりました。『聞け、わたしが話す。お前に尋ねる、わたしに答えてみよ。』あなたのことを、耳にしてはおりました。しかし、今、この目であなたを仰ぎます。それゆえ、わたしは塵と灰の上に伏し自分を退け、悔い改めます」

退院してからも家中の者から批判され、ここに至って、頑固な私も、やっぱり傲慢な自分を認めざるをえないのかなと、「自分を退け」て、素直にひとの言うことに従ってみようという気持ちになりました。

ローマの信徒への手紙九章一五節に「わたしは自分が憐れもうと思う者を憐れみ、慈しもうと思う者を慈しむ」とありますが、私は自分の意思と努力を過信し、神に委ねる信仰に欠けていたということです。おかげで、いくつか頑固に守ってきた自分の生き方をくずす決心ができました。もう危なくて見ていられないから廃車にと修理屋さんに言われていた二十年来のフォルクスワーゲン・ビートルと二月にお別れしました。三月には海外旅行へのこだわりをすてて、カナダの姉妹校への出張にでかけました。胃の検診にも応じています。

先日、ある先生がつまずいてころんだのを二階から見ていた生徒が見て笑ったということで、笑われた先生が笑った生徒を殴ってケガをさせたという、笑えない事件が新聞にでていました(朝日新聞「教諭笑われ生徒殴る」一九九五・六・二六)。普段えらそうにしている人がころべば、見た人は笑うでしょう。お年寄りや障害のある人がころんでも人は笑わないのです。私の入院もこの先生同様、強い人間のつまずきということなのでしょう。職場にはある種のユーモアを提供したようです。なにせ、三十年間、ほとんど有給休暇もとらずに働き、クラブ(テニス)活動の練習と試合に付き合ってきたのです。

このような自分の生き方を思いながら、神がはじめの人、アダムに託して私たち人間に期待した生き方とはどんなものなのかと考えてみました。

創世記二章一五節以下に「主なる神は人を連れて来て、エデンの園に住まわせ、人がそこを耕し、守るようにされた。主なる神は人に命じて言われた。『園のすべての木から取って食べなさい。ただし、善悪の知識の木からは、決して食べてはならない。食べると必ず死んでしまう』」とありますが、誘惑に負けたアダムとエバがその命令に背くと、神は三章二二節以下の通り、「人は我々の一人のように、善悪を知る者となった。今は、手を伸ばして命の木からも取って食べ、永遠に生きる者となるおそれがある」「主なる神は、彼をエデンの園から追い出し、彼に、自分がそこから取られた土を耕させることにされた。こうしてアダムを追放し、命の木に至る道を守るために、エデンの園の東にケルビムと、きらめく剣の炎を置かれた」と書かれています。

神ははじめ、園の中央にある善悪を知る知識の木、命に至る木から取ることを禁じ、それ以外の木から取って食べることを許されました。人間の自由と限界について教えられます。園の中心の木は神の領域であり、人間は踏み込めない領域、人間の自由には限界があるということです。

人間が触れることを禁じられた善悪を知る知識の木、命に至る木とは何でしょうか。現代の科学、医学の領域はどうでしょう。クローン人間や遺伝子工学などはどこまでが人間の領域なのでしょう。むずかしい問題です。

人類最初の人アダムが、善悪を知る知識の木、命に至る木の実を取って食べるなという「道徳命令」を破った罪・原罪により、人は死に定められました。

また神はエデンの園にいるとき、神が人間を創造した土を耕し、守るという「文化命令」をさずけていました（二・一五）。この二つの命令を守ることによって神は永遠の命を約束しました。これを「わざの契約」と言い、キリストの十字架の贖《あがな》いの契約である「恵みの契約」に受け継がれたと考える契約神学というものがあるようです。聖書は契約の書と言われます。しかし、神と人との関係は、創造者と被創造者の関係ですので、対等の契約ではなく、聖書の契約は神の申し出であり、神のへりくだりであるということです。神の「道徳命令」に背いた人類に対し、神のへりくだりにより、「わざの契約」を引き継いだキリストの十字架の贖いの契約である「恵みの契約」をくださいました。この二つの契約は別なものではなく違った時代の下の一つの契約であるということです（矢内昭二著『ウェストミンスター信仰告白講解』第七章「人間と神の契約について」新教出版社）。

私はこれまでの人生を振り返り、あらためて自分の罪を再認識し、十字架による贖いに感謝し、謙遜に主に従い歩むものでなければならないと反省させられました。

（一九九五・六・二九、教会の祈禱会奨励）

栄光と力とを主に帰せよ

〈詩篇二九・一―一一、讃美歌五三一〉

詩篇は神への賛美の歌であり、祈りの歌です。

きょうの二九篇は、天地創造の主をたたえる荘厳な賛美の歌です。今、私たちは雨の季節を迎えていますが、この詩の作者は、雨と嵐と雷鳴とどろく大自然の中に、自らを現された神の恐るべき力を私たちにあらわに示すことによって、神の偉大さをほめたたえています。また、干ばつの季節から雨の季節へと適切な時を選び、生命の水をもたらしてくれる神の力と祝福と救いへの感謝の祈りを歌っています。

そして、その力強い神が、その民に力を与え、その民を救い、祝福してくれるが故に、人はすべての栄光と力とを創造主なる神に帰す、ささげるという神への信頼を歌った歌でもあります。力の神への賛美と感謝と信頼の歌ということでしょう。

私はこの詩篇を読んで、ベートーベンの第六交響曲「田園」の第四楽章と第五楽章を思い出しました。第四楽章の「雷雨、嵐」に続く第五楽章には、「嵐のあとの喜ばしい感謝の気持ち」という表題がついています。

私は先日、これとはまったく反対の表題がつきそうな音楽で目を覚まさせられました。「田園」五楽章とは真逆の「嵐の前の悲しむべき憎悪の気持ち」とでも言えそうな音楽でした。まだ五時にもならない、県高校総体テニス競技最終日の早朝でした。はじめ悪い夢でも見ているのかと思っていたのですが、だんだんその音が近づいてきて、納得できました。

その日は、塩釜港にソ連船が寄港する日だったのです。それに反対する右翼の黒い街宣車から流れてくるものだということは見ないでもわかりました（ソ連崩壊は一九九一年十二月二十五日、ゴルバチョフ大統領辞任）。「嵐の前の悲しむべき憎悪の気持ち」ともいうべき歌とは、「天に代わりて不義を討つ　忠勇無双の我が兵は　歓呼の声に送られて　今ぞ出で立つ父母の国　勝たずば生きて還《かえ》らじと　誓う心の勇ましさ」という旧陸軍の軍歌でした（「日本陸軍」大和田建樹作詞・深沢登代吉作曲、一九〇四年、三七年歌詞追加）。

朝五時にもならない時間に「天に代わりて不義を打つ」ということの時代錯誤。天皇を神として、聖戦を挑もうという表現が許されているこの日本。六月一日の「自衛隊合祀訴訟最高裁判決」、原告敗訴（彼らにとっては勝訴）が、ますます彼ら右翼を元気づけているかのようでした（朝日新聞、一九八八年六月二日、殉職した自衛隊員を山口県の護国神社に合祀、キリスト教徒の妻が告訴していた）。

一八八九年の紀元節といいますから今から百一年前の二月十一日、本校創立の三年目、皇室典範と大日本帝国憲法が発布されました。第三条「天皇ハ神聖ニシテ侵スヘカラス」、第十一条「天皇ハ陸海軍ヲ統帥ス」とあり、陸海軍は天皇の軍隊で、その戦いは聖戦と呼ばれました。きょうの詩篇の二九篇一節に「神の子らよ、主に帰せよ、栄光と力とを主に帰せよ」とあります。わが国においては「栄光と力」を天皇という人間に帰していたのです。一一節に「主はその民に力を与え、平安をもってその民を祝福されるであろう」とあります。私たちは今、主から与えられた力を誰に帰しているでしょうか。また、その力とは一体どのような力でしょうか。武力、軍事力も主から与えられた力なのでしょうか。そして、その力は平安につながる力でなければならないはずです。

今月号の『学院報』で山室章学院長（弁護士、元公安調査庁長官）は、ソ連軍のアフガニスタンからの撤退問題と、かつてのベトナム戦争での米軍の敗退を取り上げて、軍事力の限界と神から離脱した人間の力の限界について述べていました。

イエスは詩篇をそらんじていたと言われています。有名な十字架上のことば、「わが神、わが神、どうしてわたしをお見捨てになったのですか」（マタイ二七・四六）は、詩篇二二篇を叫んだものだと言われています。そのイエスは、マタイ二六章五二節で「あなたの剣をもとの所におさめなさい。剣をとる者はみな、剣で滅びる」と警告し、マタイ五章三八、三九節では『目には目を、歯には歯を』と言われていたことは、あなたがたの聞いているところである。しかし、わたしはあなたがたに言う。悪人に手向かうな。もし、だれかが、あなたの右の頬を打つなら、ほかの頬をも向けてやりなさい」、そしてさらに四四節、「敵を愛し、迫害する者のために祈れ」と教え、ルカ福音書二三章三四節、「父よ、彼らをおゆるしください。彼らは何をしているか、わからずにいるのです」と言って敵を赦し、十字架にかかられました。このようなイエスの生き方からは、軍事力、武力という力は、神がその民に与えた力とは認められないのです。そして、自らを低くして、十字架にかかられたイエスを、私たちの救い主と信じることが神に栄光を帰することなのです。

詩篇二九篇の一節と一一節、「神の子らよ、主に帰せよ、栄光と力とを主に帰せよ」

「主はその民に力を与え、平安をもってその民を祝福されるであろう」

（一九八八・六・一五）

神の名・ＹＨＷＨ

〈詩編三〇・一―一三〉

女子高生というのは、皆さんのことですが、意外と残酷でありまして、仲間うちで教師の名前を言い合う場合は、呼び捨てにするようです。

先日乗ったバスの中で、私の名前が聞こえてきて反射的に振りむくと、Ｓ女学院の生徒でした。その学校にも私と同姓の先生がおられるのです。

呼びすてよりはアダナのほうが人情味があって、まだましだと思うのですが、そのアダナも皆さんの場合、ストレートでユーモアに欠けていると思うのです。「ハゲロン」より「ハロゲン」だと思うのですが。化学の授業でハロゲン（造塩元素）の話をするときに私の高校時代の失敗談を話すことがあります。

もう四十年も前のことですが、当時も今と同じように日直というのがあって、順番にまわってきます。皆さんの日直とは全く違って、われわれの日直は授業のくり上げ交渉をするのが仕事でした。例えば二校時の授業の先生が休みの場合、六校時の先生に交渉して二校時にくり上げて授業してもらい、その日は五校時で帰るというわけです。二重三重にくり上げて、何とか早く帰れるように努力するのが日直の仕事でした。私が日直で世界史の先生のところにくり上げの交渉をしに社会科教官室に入ったのですが、誰先生に用事なのかと聞かれて、しまったと思いました。本当の名前を忘れていたのです。柳屋金五楼の頭髪と同じでしたので、金五楼を逆さにして「ゴロキン」と呼んでいたからです。大先輩、井上ひさし氏の『青葉繁れる』（文春文庫、一九七四年）にでも出てきそうな話です。

前置きが長くなりましたが、旧約の民と言われるイスラエルの民は、創世記以来、あるいは出エジプト以来、何千年というその長い歴史のなかで、自分たちの神様の名前を忘れてしまった民族です。人の名前は親がつけますが、創世記の最初に「初めに、神は天地を創造された」とあり、人が生まれる前から神様は存在しているわけですから、神様の本名を人間は知らない、神様自らが自己紹介したことによりモーセにあきらかにされました。

出エジプト記三章一四節で「神はモーセに、『わたしはある。わたしはあるという者だ』と言われ」ました。口語訳聖書では「わたしは、有って有る者」となっています。一五節、「これこそ、とこしえにわたしの名　これこそ、世々にわたしの呼び名」

これがイスラエルの神、キリストの父なる神の名で、その名のヘブライ語の四つの子音文字をアルファベットにすると、ＹＨＷＨという母音のない子音だけのつづり。これを何と読むか、何と発音するかを何千年という歴史のなかでイスラエルの民は忘れてしまったという、うそのような本当の話なのです。

なぜ忘れてしまったのか。モーセがシナイ山の頂で神から告げられた十戒《じっかい》の第三戒は「あなたの神、主の名をみだりに唱えてはならない。みだりにその名を唱える者を主は罰せずにはおかれない」（出エジプト記二〇・七）とあります。このためにユダヤ社会では、いつの頃からか、この聖名を発音する者がなくなり、せっかくのＹＨＷＨという四文字（テトラグラマトン）も広く伝わりつつも、言葉としては忘れ去られたというのです。

これを「エホバ」と発音したのは誤りで、正しくは「ヤハウェ」であろうとされています。いま学んでいる詩編にでてくる「主」と「神」という言葉の大部分は、このＹＨＷＨの日本語訳だそうです。ヤハウェのほかにもエロヒムとかアドナイとか神の名前のかわりの呼び名があるようです。本当の名前を忘れるほど十戒を忠実に守った背景には、みだりに口にして神を冒瀆したときの神からの罰の恐怖があったからだということです（「古代ユダヤ教では、モーセの十戒の第三戒を極端に解した結果、その名前を、口にすることさえ禁じられた（口にするだけでなく、書くことさえタブーになった）」（田川建三『書物としての新約聖書』勁草書房））。

しかし、この厳格な旧約の神、ヤハウェは、ヨハネ福音書の三章一六節以下に「神は、その独り子をお与えになったほどに、世を愛された。独り子を信じる者が一人も滅びないで、永遠の命を得るためである。神が御子《み》を世に遣わされたのは、世を裁くためではなく、御子によって世が救われるためである」とあるように、イエス・キリストを通して、私たちを滅びの道より救い出し、永遠に価値あるものへと導いてくれることを新約聖書において約束されました。

だから私たちは祈るときに主イエス・キリストの御名《み》を通して神に祈るのです。

あるときイエスの弟子の一人がイエスに「主よ……わたしたちにも祈りを教えてください」（ルカ・一一・一）とお願いしました。祈りは単に私たちの願いや望むことをつぶやくことではなく、神と語ること、神との会話、子供が親から会話を習うように、私たちも神から祈りを教えられる必要があるのです。

詩編は賛美の歌であり、祈りの書なのです。この詩編を通し、私たちは何をどう祈るかを教えられるのです。イエスは日頃から詩編をそらんじていました。十字架のうえでの叫びも詩編の言葉でした。マタイによる福音書二七章四六節に「三時ごろ、イエスは大声で叫ばれた。『エリ、エリ、レマ、サバクタニ。』これは、『わが神、わが神、なぜわたしをお見捨てになったのですか』という意味である」とあります。これは詩編二二編二節の言葉なのです（マルコ一五・三四の「エロイ、エロイ」はイエスの生活の言語アラム語、マタイは「エリ、エリ」とヘブライ語で表記〔田川建三『書物としての新約聖書』〕）。

きょうの詩編三〇編は、嘆きを踊りに変えてくださる神への感謝の歌です。六節の言葉が心にしみてきます。「泣きながら夜を過ごす人にも　喜びの歌と共に朝を迎えさせてくださる」。どんな暗い夜でもあけない夜はなく、しかも、喜びの歌と共に朝を迎えさせてくださる主の導きを信じて、歌いつつ、祈りつつ、歩んでゆきたいものだと思います。


（一九九五・六・一四）

神の領域

〈詩篇四四・一―九〉

最近のカラオケの影響からか、男の人の歌の音域が高くなり、女性の音域が低くなってきているという新聞にでていました。「男のアルト化 女のテナー化」という見出しでした（朝日新聞・夕刊、一九九五・五・八）。

一般に男性の声が女性に比べて低くて太いのは、のどに突き出た喉仏《のどぼとけ》のちがいだそうですが、喉仏のことを英語ではAdam's apple・アダムズアップルと言います。俗説によると、「とって食べるな」と命じられていた園の中央の木の実、forbidden fruit・禁断の木の実を――いつの間にかリンゴになってしまったそうですが――アダムがあわてて飲み込もうとして、のどにつかえさせてしまったことに由来しているというのです（アイザック・アシモフ『アシモフ選集五』「創世記のことば」杉安太郎訳、共立出版、一九六九年、前著「平和への道」二三六頁）。人類はじめての人アダムは、エデンの園を耕し守ることを神より命じられ、これを文化命令などといいますが、神はその報酬として園のどの木からも自由にとって食べてもよいという自由をお与えになり、同時に、しかし、園の中央にある善悪を知る木からはとって食べるなという命令をだし、その道徳命令を守るご褒美として、永遠の命を約束しました。だから神は、そのはじめにおいて人間を自由と限界をもった、神に服従するものとして創造したのです。普通限界というのははずれの方、周囲の方にありそうなものですが、人間の限界は中央にあるのです。中央は神の領域であり、人間の立ち入る領域ではありません。それなのにアダムとエバはその領域を侵してしまったのです。

神は人類を死ぬべきものとされ、その犯したアダムの罪は原罪として、遺伝子的に今も私たちに受け継がれているというのが創世記が伝える人間観です。この人類最初の罪を体の一部の名称として残しつづけていることは意義深いことだと思います。

六月末の新聞にこんな事件が載っていました。宮崎県のある学校で生徒指導の先生が掃除見回り中に、外にある階段で足をすべらして、つんのめったのだそうです。それを向かいの校舎から見ていた男子生徒が、指を差して笑い、周りの生徒にも教えたそうです。笑われた先生は怒って、その男子生徒を殴って二日間のケガをさせたという、笑うに笑えない事件が「教諭笑われ生徒殴る」という見出しで全国版に出ていました（朝日新聞一九九五・六・二六）。おそらく、この笑った生徒も、年をとった老人がころんだのを見たとしても、笑いはしないと思います。日頃、威張ったり、えらそうにしている人、きどったすました人がころべば、見た私たち大衆は笑ってしまうでしょう。生徒にとって先生は、とくに生徒指導の先生はある意味で権力者ですから、その偉い先生が、ころんだのを見て笑ったのは許されることでしょう。それを嘲笑とみて、殴るという暴力で報復した先生はやはり責められて当然です。人を蔑《さげす》んだり、人の欠点や失敗を笑ったり、喜んだり、復讐心にかられたり、私たちの心の中はアダムの罪を引きずっているのです。

きょうの聖書、詩篇四四編は「復讐の祈り」とでも言えそうな、心の底からこみ上げてくる復讐心、報復の思いを自らの手ではなく、神に委ねるという詩です。ひたすら神にのみ報復を委ねているところにこの詩の祈りの歌として価値があります。

聖書は「復讐するは我にあり」(ローマ一二・一九)と、復讐は神の領域、人間の領域ではないことを教えています。

マタイ福音書五章三八、三九節、「あなたがたも聞いているとおり、『目には目を、歯には歯を』と命じられている。しかし、わたしは言っておく。悪人に手向かってはならない。だれかがあなたの右の頬を打つなら、左の頬をも向けなさい」

また、ローマ人への手紙一二章一九、二〇節には、「愛する人たち、自分で復讐せず、神の怒りに任せなさい。『「復讐はわたしのすること、わたしが復讐する」と主は言われる』と書いてあります。『あなたの敵が飢えていたら食べさせ、渇いていたら飲ませよ。そうすれば、燃える炭火を彼の頭に積むことになる』」とあります。

イエスは自ら、あらゆる罪の集大成である十字架にかかられ、十字架上で、敵のために祈りました。

私たちは、自ら復讐を引き受けるのではなく、それを神の領域のこととし、神に委ねる信仰をこの詩篇から学ぶと同時に、奪いつくし、殺しつくし焼きつくした我が国の侵略戦争の罪の復讐が神に委ねられていることを認識し、どうしたらその罪が償えるのか、敗戦五十年にあたり、真剣に考えなければと思いました。

（一九九五・七・一四）

わが罪はつねにわが前に

〈詩編五一・一―六〉

きょうの聖書は、有名な詩編五一編です。二節に「ダビデがバト・シェバと通じたので預言者ナタンがダビデのもとに来たとき」とあります。ダビデ王は、忠実な部下ウリヤのたった一人の妻バト・シェバを奪い、さらに夫ウリヤを激戦地に送り戦死させたのでした。旧約聖書サムエル記下一一章・一二章に記されているように、ダビデはこの大罪を預言者ナタンに指摘され、ナタンに「わたしは主に罪を犯した」と言いました。そして、その懺悔の祈りがこの五一編です。

五節に「あなたに背いたことをわたしは知っています。わたしの罪は常にわたしの前に置かれています」、文語体の聖書では「われはわが愆《とが》を知る。わが罪はつねにわが前にあり」とあります。聖書はこのように王様であれ、誰であれ、その罪の姿を容赦なくことこまかに書き記すことによって、私たちに罪を認め、悔い改めるようにと迫ってきます。

しかし、ダビデ王同様、私たちは他人の罪には厳しいのですが、自分の罪には気がつかなかったり、認めようとはしないのです。

今年の夏は、戦後五十年ということで、八月十五日を中心に新聞、テレビ、雑誌はその特集でもちきりでした。その多くはこれまでどおり、被害者的立場から戦争の悲惨を訴えるものでしたが、年々加害者の立場から戦争の残虐さ、旧日本軍の非人道的行為を事実として報道することも目立ってきたように思います。

ナチスドイツのユダヤ人大虐殺の事実を知り、その非を指摘することはできても、自分の国が犯した南京大虐殺などの事実を知り、その残虐さを指摘する人は少なかったのです。

他人の、他国の罪はよく見えて、その非を批判するのですが、自分の、自国の罪は認めようとしないのが人間です。この心理をうまく利用して、戦後の政治はなされたように思います。

我が国が世界で唯一の被爆国であるという被害者の立場だけに立って、アジア諸国に対する加害責任を隠蔽し、先の戦争は自存自衛の聖戦だとし、祖国のために戦って死んだ人を英霊として顕彰し靖国神社に合祀《ごうし》しているのです。ちょうどオウムが自分たちの被害者意識のみを主張し、自らの加害性を認めないのと同じです。

八月に就任したばかりの文部大臣が「侵略じゃないかというのは、考え方の問題」と発言し、韓国、中国から激しい批判を受けました（朝日新聞、八・一一、「島村宜伸文部大臣、翌日撤回」）。社会党の村山首相は十五日、「わが国は、遠くない過去の一時期、国策を誤り、戦争への道を歩んで国民を存亡の危機に陥れ、植民地支配と侵略によって、多くの国々、とりわけアジアの諸国の人々に対して多大の損害と苦痛を与えました。……ここにあらためて痛切な反省の意を表し、心からお詫《わ》びの気持ちを表明します」として、率直な反省と謝罪の気持ちを明らかにしました。全く遅ればせながらの謝罪でした（朝日新聞一九九五・八・一六）。

ヴァイツゼッカー大統領の演説を思い出します。「罪の有無、老幼いずれを問わず、われわれ全員が過去を引き受けねばなりません。全員が過去からの帰結に関わり合っており、過去に対する責任を負わされているのであります。……問題は過去を克服することではありません。さようなことができるわけはありません。後になって過去を変えたり、起こらなかったことにするわけにはまいりません。しかし過去に目を閉ざす者は結局のところ現在にも盲目となります。非人間的な行為を心に刻もうとしない者は、またそうした危険に陥りやすいのです」（『荒れ野の40年』永井清彦訳、岩波ブックレット、一九八六年）。

きょうの詩編五一編から、ダビデ王が自らの行為を心から悔い、神に懺悔し、自らの非人道的な行為を心に刻んだが故に、神の祝福をえたことを学びとりたいと思います。

（一九九五・八・二八）

死海文書

〈イザヤ書一四・一四―二二〉

昨年の映画の団体鑑賞で「歴史としての聖書」という映画を観たことを覚えていますか。その中で「死海文書」について説明がありました（一九七七年、西ドイツ製作）。

一九四七年の初夏といいますから、今から三十二年前のことです。遊牧民アラビアのベドウィンが、ヨルダン渓谷からベツレヘムへ荷物を運んでいる途中、死海近くのワディといって雨期以外には水のない川で、迷子になった山羊を探しているときのことです。ベドウィンの十五歳の少年が一部崩壊している洞窟を発見し、その洞穴の中で、巻物の端がはみ出ている砕けた壺を見つけ、シリア正教会マルコ修道院というところに手渡したのでした。

これが、二十世紀最大の発見と言われたクムラン古跡発見の発端となり、一番はじめに見つけた巻物が実はイザヤ書の写本だったのです。このイザヤ書のほかに十一の壺から様々な文書が見つかったので、それらの文書は発見場所にちなんで、「クムラン文書」とか「死海文書」と呼ばれています。

イザヤ書の写本は縦二五センチ、横三七センチの羊皮紙十七枚にヘブライ語で書かれ、つづり合わされて、幅三〇センチ、長さ八メートルの巻物になっていました。鑑定の結果、これは今から二千年前、ＢＣ一世紀頃に書かれた写本で、これが現在知られているもっとも古い聖書の写本ということになったのです（「イエスが読んでいたのと同じ時期の写本！」田川建三著『書物としての新約聖書』勁草書房）。

現在私たちが読んでいる旧約聖書は九世紀頃のマソラ本文というものに基づいた写本を基にしているのですが、このクムランのイザヤ書は、マソラ本文の写本よりもさらに千年古いものだったのです。それが、マソラ本文の写本のイザヤ書とほぼ同じだったので、千年経ってもほとんど正確に伝えられているということで、イザヤが今から二千七百年前に預言したメッセージが今日まで誤りなく伝えられているという確信が得られたということです。

この巻物にして八メートル、六十六章にも及ぶイザヤ書は、旧約・新約聖書の中で最も章の多い書物であり、大きく二つに区分できます。すなわち、一章から三九章までと四〇章から六六章までです。偶然旧約三十九巻、新約二十七巻の六十六巻と同じ数で、覚えやすい区分です。最初の区分は、さらにいくつかに分けられます。一章から一二章まで、二つ目が一三章から二三章までで、今日《きょう》の聖書の箇所はこの部分にあたります。この一三章から二三章まではイスラエル以外の諸国、すなわち、異邦人諸国への、あるいは異邦人諸国に関するメッセージが記されています。

一三章と一四章には、バビロンの滅亡の預言がイザヤによって語られています。

イザヤ（複数の預言者）が活躍したのは、ＢＣ七五〇年から五六〇年ですが、この時代は、アッスリア帝国が強国として世界の支配勢力だったのですが、ＢＣ六〇八年にバビロンのネブカドネザル二世がこのアッスリアを破って、代わってバビロンが強国として台頭してきます。このことは、一四章の二二節のアッスリアの滅亡の預言と関連してきます。

そして今度はバビロンが、ＢＣ五三九年にペルシャのクロスによって滅ぼされます。このことは一三章の一七節一九節の預言と関連してきます。イザヤが預言したのがＢＣ七〇〇年頃ですから、それから百五十年くらいしてバビロンが滅んだということになります。今日のテキストから学ぶべきことは、バビロンがなぜ滅ぼされたかということを考えることだと思います。

聖書においてバビロンという国は、創世記の一一章で「バベルの塔」を建てたバベルと同じ国ですから、高ぶり、高慢、権力、栄華の象徴です。イザヤ書一四章の一三、一四節に「わたしは天にのぼり、わたしの王座を高く神の星の上におき、北の果てなる集会の山に座し、雲のいただきにのぼり、いと高き者のようになろう」と、自分を神以上におこうとするものとして表現されています。そのようなバビロンを神は赦さない、滅ぼすのだというメッセージとして読み取ることが大切だと思います。

そして、バビロンという具体的な国への裁きからさらに発展させ、戦前は、天皇を神とする神国としての、戦後は高度成長を成し遂げた経済大国としての、我が国のおごり高ぶりへの批判として受け止めることができるのではないかと思います。

（一九七九）

葦

〈イザヤ書四二・一―四〉

今日の聖書は旧約聖書イザヤ書四二章、口語訳聖書の一〇〇一頁です。このところは、強く胸を打つ言葉で満ちています。きょうは三節の言葉を覚えたいと思います。

「また傷ついた葦を折ることなく、ほのぐらい灯心を消すことなく、真実をもって道をしめす」、文語体の聖書では、「傷ついた葦」を「傷《いた》める蘆《あし》」と読んでいて、「また傷める蘆をおることなくほのくらき燈火《ともしび》をけすことなく眞理《まこと》をもて道をしめさん」となっています。

この聖句をそのまま本の題名にした『傷ついた葦を折ることなく』という本も、『ほのぐらい灯心を消すことなく』という本も見かけたくらい有名な聖句になっています。

傷ついた葦、ほのぐらい灯心とは、言うまでもなく弱い、もろい、はかない人間の存在、弱いもろい、はかない人間の象徴であり、一般には弱者、端的に言って、弱い、はかない「私」であります。傷ついた葦、ほのぐらい灯心がだれのことでもない、まさに自分自身なのだと認識することがキリスト教の信仰の本質だと思います。

マタイの一一章七節に、「あなたがたは、何を見に荒野に出て来たのか、風に揺らぐ葦であるか」というイエスのことばが書かれています。「風に揺らぐ葦」は文語体では「風にそよぐ葦」となっていまして、「なんぢら何を眺めんとて野に出《い》でし、風にそよぐ葦なるか」となっています。石川達三の『風にそよぐ葦』（岩波現代文庫・一九五一年映画化）はここからとられた題名です。風にそよぐ葦、傷ついた葦、傷《いた》める葦、「葦」という植物を、弱い、もろい、はかない人間の象徴として聖書では用いているようです。

この弱い、もろい、はかない人間を「葦」に象徴した極めつきともいうべき、パスカルの『パンセ』の中の「考える葦」の件《くだり》を読んでみたいと思います。日頃、聖書を暗記するほどまでに精読していたというパスカルが言う「考える葦」は、「風にそよぐ葦」、「傷ついた葦」であり、「傷ついた葦を折ることのない」キリストの救いを暗示しているものと考えられます。

「人間はひと茎の葦にすぎない。自然の中でもっとも弱いものである。だが、それは考える葦である。彼をおしつぶすために、宇宙全体が武装するにはおよばない。蒸気や一滴の水でも彼を殺すのに十分である。だが、たとえ宇宙が彼をおしつぶしても、人間は彼を殺すものより尊いだろう。なぜなら、彼は自分が死ぬことと、宇宙の自分に対する優勢とを知っているからである。宇宙はなにも知らない。だから、われわれの尊厳のすべては、考えることの中にある。われわれはそこから立ち上がらなければならないのであって、われわれが満たすことのできない空間や時間からではない。だから、よく考えることを努めよう。ここに道徳の原理がある」（パスカル『パンセ』三四七、前田陽一・柚木康訳、中央公論社）。

（一九八二・三・三）

いと近き神

〈エレミヤ書二三・二三―二四〉

いつのまにか秋も深まり「秋深き隣は何をする人ぞ」（芭蕉）などという句を思い出す季節になりました。

「隣は何をする人ぞ」、誰にでも多少は他人のプライバシーに対する興味はあると思います。多少どころか、興味本位そのものでつくられているのが、ある種の週刊誌です。「フォーカス現象」とか「フォーカスする」「フォーカスされる」などという言葉が「現代用語」として、取り上げられるほどになっています（週刊誌『FOCUS』新潮社、一九八一年創刊、『FRIDAY』講談社、一九八四年創刊）。

それらの週刊誌を支えているのは、誰の心にも多少はある他人の身に起こった不幸を知りたがる、おせっかいな覗き見趣味だと言われています。そこでは事がスキャンダラスであればあるほど、登場人物が有名であればあるほど価値があり、事の本質よりも、誰が誰とどうだったのかという人間的な興味関心が主流を占めています。

箴言の九章一六、一七節に「また知恵のない人に向かってこれに言う、『盗んだ水は甘く、ひそかに食べるパンはうまい』と」。まさしくこの言葉を地で行っているのがそれら週刊誌の編集方針ではないかとさえ思います。「盗んだ水は甘く、ひそかに食べるパンはうまい」と知恵のない人に教えているのです。「盗んで飲む」こと「ひそかに食べる」ことの犯罪性、罪悪性に触れることよりも、それをした有名人の行為を羨ましくさえ思わせることで、人々の欲望を増幅させ、購読者、購読料を増やそうともくろんでいるのです。

「罪を憎んで人を憎まず」という格言がありますが、それとは真逆の「人を憎んで罪を憎まず」という人間の本性を見抜いているかのようです。そして、結果的にはその犯罪性、罪悪性を容認してしまっているのです。

「罪を憎んで人を憎まず」ということは一般には、罪自体は悪いことであり決して認められないが、犯した人については情状を酌量し、抹殺するのではなく、存在を尊重すべきという戒めでしょうが、現実にはなかなか受け入れにくいのです。

最近の金融スキャンダル、証券スキャンダル（日興証券、一九九〇年春発覚）においても、その罪を犯した人を憎みこそすれ、為政者も大衆もその犯罪性、罪悪性を徹底的には糾弾しない、その犯罪を心から憎んではいないのです。むしろ自分がそのおこぼれにあずからなかったことを残念にさえ思うということで、その罪を容認してしまっているのです。ことほどさように、「罪を憎んで人を憎まず」ということは難しいのです。

今日《きょう》のエレミヤ書では「近くの神」と「遠くの神」について言及しています。

ここでいう「近くの神」というのは、地域神、その地域地域にある偶像の神々です。我が国で言えば、何々神社、何々観音という人間が造った神、人間の願望や欲望をかなえてくれるという人間にこびるご利益宗教の神、一部の新興宗教の神々など偶像崇拝、人間崇拝を強いる神です。

それに対して「遠くの神」というのは旧約聖書のキリストの父なる神のことです。

私たち被造物から遠く離れて、限りなく高いところから全宇宙、全人類を見守っているだけでなく、私たち一人一人の一挙手一投足を見守り続けている神です。この神は「あなたの神、主は焼きつくす火」と「申命記」に記されているように、偶像崇拝に対して大変厳しい、さばく神なのです。

「近くの神」は地域的な神ですから、その地域から離れれば人はその目から逃れることができるので、見えないところでは何をしてもいいということになりがちです。

エレミヤが激しく批判し、歎き悲しんだのは、そのような近くの神への偶像礼拝であり、道徳的堕落と退廃に対してでした。

「遠くの神」を信じない我が国にも、同様な堕落と退廃があります。「人を憎んで罪を憎まず」、罪に対する寛容な態度も「近くの神」の限界によるもののようです。

今日の二四節に「人は、ひそかな所に身を隠して、わたしに見られないようにすることができようか。主は言われる、わたしは天と地とに満ちているではないか」とあり、「遠くの神」

には限界がなく、人はその目から隠れ逃れられないと警告しています。これにより人はおのずと罪や悪に対して厳しい姿勢が身につくのだと思います。

「罪を憎んで人を憎まず」。その「遠くの神」と私たちの間をとりつぐ者としてイエスが到来し、キリストの父なる神は、私たちにとって大変身近な「いと近き神」となりました。

イエスの十字架の死は、私たち罪人が受けるべき神のさばきの刑の身代わりであり、スケープゴートです。このことにより、私たちは罪から解放され、神の前に自由な者として立つことができるようになりました。キリストの十字架の愛に感謝せずにはいられないのです。

（一九九一・一〇・二五）

ふるさと

〈ゼカリヤ書六・九―一五〉

人のこころには、こころの故郷《ふるさと》ともいうべきものがあるように思います。立原道造の詩に、「夢はいつもかえっていった。麓の小さな村に、みずひき草に風が立ち……」というのがありましたが、こころがいつもかえって行くところ、こころの故郷をもっている人はしあわせだと思います（『立原道造全集第一巻「のちのおもひに」』筑摩書房）。

最近学校が移転するということで、名残を惜しみに来校する卒業生の姿が目立つようになりました。その人たちはわざわざ出向いて来るのですから、この学校での生活の思い出や記憶が、なんらかのこころの縁《よすが》となっている人たちなのでしょう。

聖書の民とよばれるユダヤ民族は、四千年もの長い歴史の中で、幾度となく他民族によって滅ぼされ、祖国を奪われ、国を追われ、民族は離散し、流浪の民となった経験をもつ民族です。

祖国を奪われたことのない我々には想像もつかないほどの祖国への思い、望郷の思いがあったことと思います。その思いがシオン、すなわち、エルサレム、なかんずくエルサレム神殿への思い、憧れとなってあらわれていたということであり、エルサレム神殿は、ユダヤ人のあらゆるものの象徴、ユダヤ人のこころの故郷であったということです。

きょうの聖書の箇所は、バビロンに捕らわれていたユダヤ人が、バビロンを破ったペルシャのクロス王の計らいで祖国に帰され、引き上げて来て、祖国復興の最初の仕事として、エルサレム神殿を再建しようとすることに関したところです。その神殿再建が、バビロン補囚中に移住させられてきていた民族、後のサマリア人の妨害にあい（このことがサマリア人差別の原因ともなった）、工事が十五年間中止してしまうのですが、そのときに、人民を励まし再建のために力になった預言者が、ハガイとゼカリヤという人です。

ゼカリヤはきょうのゼカリヤ書六章で、いま建設している神殿の完成は、来るべき救い主・メシアの来臨によって完成されるのであって、いま建設しているエルサレム神殿というものは、キリストによって完成される真の神殿（これは有形のものではない）の象徴であって、神殿という建物自体の完成が神殿の完成ではないことを述べています。一二節に「その名を枝という人がある。彼は自分の場所で成長して、主の宮を建てる」とあります。預言者ゼカリヤは、枝という人、すなわちキリストが到来し、成長して神殿となられること、キリストが神殿であると預言しているのです。言いかえれば、ユダヤ民族のこころの故郷が建物としての神殿にあるべきではなく、来るべきメシヤの到来を確信するところにあるべきことを指摘しているのです。

このことは、新しい学校に移ろうとしている私たちにも当てはまる大切なことだと思います。新しい学校の完成は、建物の完成ではないということです。建物は、そこで営まれる何らかの教育的、精神的活動の象徴であるということだと思います。

私たちは、何を得ようとして、何を行おうとして新しい学校を建てているのでしょうか、考えてみる必要があります。建物が新しくても古くても、こころの故郷となるのは建物ではなく、そこでの営みから生まれるものであるはずです。

八木重吉の詩、「ゆきなれた路の　なつかしくて耐えられぬように　わたしの祈りのみちをつくりたい」（『定本　八木重吉詩集』彌生書房）。いつもこころが帰って行くところが祈りであり、神への思いであることができたらうれしいと思います。

（一九八〇・七・二六）

迫害のさきがけ

〈マタイ三・七―一二、讃美歌二二八〉

新約聖書には別人と思われるヨハネという人物が四人登場します。すなわち、洗礼者ヨハネ、十二弟子の一人ゼベダイの子ヨハネ、そしてヨハネによる福音書の著者のヨハネ、ヨハネ黙示録の著者ヨハネです。

ヨハネの英語読みはジョンですから、洗礼者ヨハネはバプテスマのジョンということです。このバプテスマのジョンが捕らえられたとマタイ福音書四章一二節には記されています。一体彼はなぜ捕らえられたのでしょう。

このヨハネという人はなかなかの人物で、マタイ福音書の三章七節以下に、ヨハネは、ファリサイ派やサドカイ派の人々が大勢、洗礼を受けに来たのを見て、こう言った。「蝮《まむし》の子らよ、差し迫った神の怒りを免れると、だれが教えたのか。悔い改めにふさわしい実を結べ。『我々の父はアブラハムだ』などと思ってもみるな。言っておくが、神はこんな石からでも、アブラハムの子たちを造り出すことがおできになる。斧は既に木の根元に置かれている。良い実を結ばない木はみな、切り倒されて火に投げ込まれる」と、ファリサイ派やサドカイ派といった当時のユダヤ教指導者にも臆することなく堂々と悔い改めを迫りました。

我こそは熱心なユダヤ教徒だと自負していた人たちにとって、このヨハネの批判の叫びは晴天の霹靂《へきれき》だったにちがいありません。マタイ福音書の一四章には、このヨハネが口封じのために逮捕されたあと殺されたことが記されています。

当時のユダヤの領主はヘロデ・アンティパスといって、イエスの誕生におののいて、ベツレヘムに住む二歳以下の男の子をすべて虐殺したヘロデ王（マタイ二・一六、前著「宗教弾圧」二三頁）の子供で、ヘロデ・アンティパスは彼の異母兄弟のお嫁さんヘロディアを自分の妻としています。そのヘロディアの連れ子がサロメです。

このサロメが祝宴の席で踊ったご褒美として、なんと捕らえていた洗礼者ヨハネの首を盆にのせてくることを所望し、ヨハネは惨殺されたのでした（マタイ一四・一〇）。

オスカー・ワイルドの戯曲『サロメ』（福田恒存訳、岩波文庫）はこれを題材にしたもので、その結末では、サロメが切られたヨハネの首に口づけするという猟奇的行動を示します。これには、さすがのヘロデも激憤し、その場で部下にサロメを殺害させるという悲劇になっています。この戯曲は映画にも芝居にもなり、リヒャルト・シュトラウスによってオペラにもされていますし、わが国の伊福部昭もバレー音楽「サロメ」を作曲しています。

ヨハネが殺害されたのはヘロデ・アンティパスとヘロディアの近親結婚をヨハネが「自分の兄弟の妻と結婚することは、律法で許されていない」（マルコ六・一八）と激しく非難したからだとされています。

いつの世も、正しいことを正しいと言う、真実を真実と主張する者は弾圧されるもののようです。特に独裁者、専制者を批判することは死を覚悟しなければならないほどの危険がともないます。我が国では、天皇批判、天皇制批判はそうでしたし、象徴天皇となった今も身の危険がともないます。本島長崎市長は「天皇に戦争責任がある」と発言し（一九八八・一二・七、『長崎市長のことば』岩波ブックレット、一九八九年十二月）、一年後に狙撃されました（一九九〇・一・一八）。裸の王様を裸だと口にだすことは大変勇気がいることですし、危険がともないます。かくてマタイ福音書四章一二節にあるように、洗礼者ヨハネは捕らえられ、いよいよイエスの伝道活動が始まります。イエスの伝道のさきがけ、前座をつとめた洗礼者ヨハネは迫害のさきがけともなったのです。

そのあとにつづく真打イエスは、ヨハネにも増して激しく真実を叫び、正義を語り、ユダヤ教指導者たちを批判しました。「悔い改めよ。天の国は近づいた」（マタイ四・一七）と人々に悔い改めを迫りました。その結果ヨハネと同じ道を歩むことになります。伝道のはじめは迫害のはじめともなったのです。

私たち人間は、あまりにも真実なことからは目をそらし、光よりも闇を好む性質をもっているのです。

ギリシア神話のナルキッソスは、泉に写った自分の姿を見て、我と我が身に恋いこがれました（『ギリシア・ローマ神話』岩波文庫）。ナルキッソスに限らず、人は少なからずナルシストであり、自分はかわいいのです。自分は決してまちがっていない、自分こそは正しい、自分の生き方はまちがっていないと少なからず思っているのです。「自分を愛するように、あなたの隣人を愛する」（マルコ一二・三三）ことの大切さをイエスが説かれたように、自分を愛さない人間はいないのです。ファリサイ派の律法学者という人たちは、格段にその傾向が強かったようです。そのような人たちにむかって「悔い改めよ」と叫ぶのですから、反発があったのは当然です。

我が国のキリスト教の信徒が今日《こんにち》でも一％にも満たない背景には、キリスト教が生まれながらの人間は罪人《つみびと》であり、神の前にその罪を認め、悔い改めることを迫る宗教であることがあるのかもしれません。キリスト教がいう罪とか罪人ということについてよく知ることなしには、簡単に自分が罪人であるなどと告白できるはずもないのです。

絶対者である神の前に、人間存在が根本的に有している罪について聖書を通して学ぶ必要があるとともに、一人ひとりの心の問題として追究していくことが大切です。

ともかく、イエスが言う悔い改めは、天国、神の国、信仰へとつながる最初の一歩だということを心にとめ、本当のことを本当という、真実を真実というイエスに倣う者として歩んでゆきたいと思わされました。

（一九九六・五・八）

奇跡を考える

〈マタイ一四・二二―三三〉

このマタイによる福音書一四章には二つの奇跡が記されています。一つは二匹の魚と五つのパンを五千人に分け与え、しかも満腹させたという奇跡と、今読みましたイエスの海上歩行の奇跡です。中学一年生の人たちは、理科の授業で表面張力について学びましたが、その力は水の上に一円玉を載せることができる程度の力であることを知ったはずです。イエスがアメンボならともかく、とうてい人間が水面を歩くことは不可能なことです。

このように、科学的因果関係、科学的法則から逸脱した、起こりそうもないことを奇跡と呼んでいますが、多くの人は人間の理性では信じられないと、奇跡を否定し、神の存在を否定し、宗教を否定します。そうでなくても、奇跡がキリスト教を受け入れるのに、つまずきになるとよく言われます。

言うまでもなく科学は、人間が自然を認識するための一つの手段であり、自然そのものと等しくも、それ以上ではないし、人間の理性によって考えられたものですから、人間以上ではなく、常に人間に仕える宿命にあるはずです。

したがって、人間を創造したのは神であるという信仰に立てば、不完全な人間の理性が生んだ科学をもって、完全な理性である神の奇跡を云々することはできないということになります。不完全な人間のつくった科学をもって、完全な神の奇跡を論じられないということです。神の存在とか奇跡を、科学をもって説明できるかどうかは、人間を完全なもの、絶対的なものと見なすかどうかにかかっていると言えるのです。

人間を不完全なものとし、完全な神を信じたときのみ、科学と宗教が調和していることを知らされるのだと思います。

私は偉大な科学者が熱心なキリスト教徒であることを知り心強く思います。数学者のライプニッツ、万有引力の法則のニュートン、パスカルの原理のパスカルなど、その学者たちは、大自然の神秘を深く研究すればするほど、不思議な魅力にかきたてられ一層宗教的な敬虔さを味わったと語っています。

ニュートンの言葉に、「私は、浜辺で遊んでいて、なめらかな小石やきれいな貝殻を見つけて、小躍りしている童《わらべ》のようだ。目の前には、究めがたい真理の大洋が横たわっている」というのがあります（私訳。Werner Heisenberg: *Das Naturbild der heutigen Physik.* ハイゼンベルグ『現代物理学の自然像』郁文堂、前著「真理の大洋」一三六頁）。全くその通りだと思います。はかり知れない大きな未知の真理の世界が私たちの目の前に存在しているのです。

聖書に記された奇跡が、今日《こんにち》の私たちに何を語りかけているかを知ろうとする態度が必要だと思います。

イエスが海の上を歩かれた奇跡からは、海とか水を常に動揺している不安定なことのたとえと捉え、さまざまな問題をかかえる今日の私たちの社会にあって、人々の流れに押し流されることも、飲み込まれることも、溺れることもなく、まっすぐに歩くことができることを教えられます。嵐を見て恐ろしくなり溺れかけたペテロからは、私たちがイエスに従って生きようとするとき、日ごろの煩雑さや誘惑に身をゆだね、イエスから目を離し、自分中心の生き方をしてしまい、自らを不安と動揺と苦悩の中に追いやってしまうということを教えられます。いかなるときにも神の力と愛とを信じて、イエスに従い行く者でありたいと願います。

（一九六五）

イエスは ろばに乗って

〈マタイ二一・一―一一、讃美歌一三〇〉

いつも礼拝の讃美歌を何にしようかと迷うのですが、今回は簡単に決まりました。聖書の箇所そのものが讃美歌です。

曲の方は、ヘンデルのオラトリオ「ユダス・マカベウス」の中の勝利を神に感謝する歓喜の大合唱「見よ、勇者は帰る」からとったもので、紀元前一六五年代、祖国の救いのために立ちあがり、エルサレムを取り戻し、神殿をきよめ、礼拝を再開させたマカベウス兄弟の凱旋の歌です。勝利の歌ということで、スポーツの表彰式によく使われていてなじみのある曲です。

このマカベウス兄弟に限らず戦いに勝利し勝利を祝う凱旋パレードでは、勝者は大勢の兵士に囲まれ、馬にまたがり威風堂々と行進したにちがいありません。

今でもオリンピックや大相撲などの優勝パレードとして名残を残していますが、こうしたときに勝利者は、ロールスロイスやキャディラックに乗り、にこやかに手を振って進みます。

イエスのエルサレム入城は、馬でも、もちろんロールスロイスでもなく、ろばにまたがっての入城でした。いかにも質素でユーモラスでこっけいでさえあったと思われます。

ここにイエスというお方のすべてが象徴されているように思います。救い主・メシアがダビデの子孫から現れるという預言を信じるイスラエルの人々は実に長い間メシアを待望してきました。そのメシアは、何と、まばゆい宮殿にではなく、貧しい馬小屋に生まれました。それと同様に、たくましい馬ではなく弱々しい子ろばに乗って、神の都エルサレムにベタニヤの村を通って入場してきました。

馬はいくさ、戦いを象徴し、ろばは平和を象徴しています。また、エルサレムは富と権力の象徴であり、ろばを借りた「向こうの村」（二一・二）とは、イエスの愛されたベタニヤの村であり、ベタニヤとは悩む者の家、貧しい者の家という意味だそうで、ベタニヤは貧しさ、弱さの象徴です。

イエスは戦いではなく平和を、物質的な豊かさではなく心の豊かさを教え、富と権力にではなく、貧困と弱さのなかに真実を認められた方です。

イエスは人間の心、魂の救い主であり、人間の心を大切にする王としてこの世に来られました。この世の物質的な権力者は王であれ、為政者、政治家であっても彼らは人間の心の支配者ではありません。人間の心を支配できるのは神以外にありえないのです。

今問題になっている統一協会の文鮮明や法の華の福永法源など新宗教、新々宗教の教祖は人間よりもお金を愛する人間であり、決して人の心を大切にする神ではありません。

イエスが馬小屋に生まれ、馬にではなくろばに乗ったこと、また、エルサレムではなくベタニヤを愛されたということは、「ホサナ、ホサナ」と叫んだ群衆だけでなく、現代に生きる私たちにも慰めと励ましを与えてくれます。

「キリストは、神の身分でありながら、神と等しい者であることに固執しようとは思わず、かえって自分を無にして、僕《しもべ》の身分になり、人間と同じ者になられました」（フィリピ二・六、七）

最近よく耳にする言葉に「バリヤフリー」という言葉があります。バリヤとは、柵とか囲い、障壁の意味でバリヤフリーとは「障壁のない」という意味です。バリヤフリーリビングは障害者や高齢者を配慮した障壁のない住居、このバリヤフリーという言葉は二十一世紀のキーワードの一つになりえる言葉だと思います。

目に見える物理的な障壁だけではなく、人と人、国と国の間にある見えない障壁、人種や宗教、性、など多くの見えない障壁があります。イエスはその見えない障壁を取り壊し、障壁のないバリヤフリーな世界をもたらすためにこの世に来られました。

「実に、キリストはわたしたちの平和であります。二つのものを一つにし、御自分の肉において敵意という隔ての壁を取り壊し、規則と戒律ずくめの律法を廃棄されました。こうしてキリストは、双方を御自分において一人の新しい人に造り上げて平和を実現し、十字架を通して、両者を一つの体として神と和解させ、十字架によって敵意を滅ぼされました」（エフェソ二・一四―一六）とあります。

しかし、「ホサナ、ホサナ」「救いたまえ」と歓喜してイエスを迎えた人々、過越の祭りのために集まった多くの群衆は一一節にもあるように「この方は、ガリラヤのナザレから出た預言者イエスだ」と言って、イエスを救い主とは認めなかったのです。

ユダヤ教では今に至るまでイエスを救い主・メシアとは認めていません。

かくて、一週間後にイエスは、一転して「十字架につけろ、十字架につけろ」（ルカ二三・二一）、「殺せ。殺せ。十字架につけろ」（ヨハネ一九・一五）と叫んだ群衆の見守るなか、処刑されたのです。

きょうの聖書の箇所で、イエスはこれから入城しようとする町には敵意が満ち、指導者たちは自分を憎み、捕らえ、殺そうとしていることを十分知りつつも、白昼堂々ろばに乗って入城したのです。このイエスの勇気に心うたれます。このところからイエスの十字架への受難がはじまります。

（一九九六・一〇・一一）

ゲツセマネの祈り

〈マタイ二六・三六―四五、讃美歌四九六〉

暑さ寒さも彼岸までと言いますが、今年は春分の日を過ぎてもなかなか暖かくならず、春まだ浅しの感があります。

そのような寒空に震えながら、かすかにみどり色にさんざめく何百年に一度とやらの彗星を北の空に眺めることができたのも、この春休み中のよい思い出になったことと思います（「百武彗星」一九九六年一月、百武裕司氏発見、三月には地球に千五百万キロまで接近、尾の長さが一〇〇度の大彗星・朝日新聞一九九六・三・二六）。その延長で夜空を眺めていると四月四日の水曜日の夜は、満月が輝いていました。今度の日曜日が復活祭・イースターであることを確認できました。

イエスが捕らえられ十字架にかかられた夜は、過越《すぎこし》の祭りというユダヤ教の祭りの最中で、その夜も満月がこうこうと輝いていたのでしょう。そしてイエスは処刑され、葬られ、三日後に復活したと聖書は伝えています。

このことから、西暦三二五年のニケヤ宗教会議は、復活祭を春分の日の後の最初の満月の後の最初の日曜日と決めたのです。

この満月を過越の満月、パスカルフルムーン・Paschal Full Moonと言うのだそうですが、その二千年前と変わらない月を見て、イースターがわかるということに、時空を超えた神の御業《みわざ》というものを身近に感じとることができるように思います。

今日《こんにち》、キリスト教の教会が日曜日ごとに礼拝を行うのは、このイエスのよみがえりの日、復活の日を記念してのことなのです。四月七日の教会では、ユリの花が飾られていました（讃美歌四九六「うるわしの白百合」）。私たちの学校の復活祭記念礼拝は変則的に四月十七日に行うということですから、そこでイエスの復活の意義について学んでください。

きょうの聖書の箇所は「ゲツセマネの祈り」とか「ゲツセマネの苦悩」と呼ばれているところで、イエスが捕らえられる直前の出来事を記しています。ゲツセマネという地名は、オリーブを絞る器具に由来するということで、イエスと弟子たちが居合わせたところは、オリーブ園のようです。

そこでイエスは「父よ、できることなら、この杯をわたしから過ぎ去らせてください。しかし、わたしの願いどおりではなく、御心《みこころ》のままに」（マタイ二六・三九）と祈られました。この杯とは十字架の死です。「イエスは苦しみもだえ、いよいよ切に祈られた。汗が血の滴るように地面に落ちた」とルカ福音書（二二・四四）には記されています。

イエスが十字架の死を予告し、その死を目前にし、恐れおののき、うろたえ悶え苦悩した様《さま》がひしひしと伝わってきます。このときイエスはまぎれもない一人の三十三歳の青年であり、私たちと同じように悩み、怒り、ときに涙するに人間だったのです。

「父よ、できることなら、この杯をわたしから過ぎ去らせてください。しかし、わたしの願いどおりではなく、御心のままに」（マタイ二六・三九）。ここにキリスト教の祈りの原点があります。死に直面し、死さえも神の意志、御心と受けとめる神への絶対的信頼、そして敢然と死に立ちむかうイエスの勇気。

イエスの十字架の死の残酷さ、悲惨さ、凄惨さ、壮絶さは、それはまさに「死に様《ざま》」という表現がふさわしいのだと思います。そして、イエスをそのような壮絶な「死に様」に至らしめたのは、とりもなおさず、生前のイエスの壮絶な生き方にあると思います。「生き様」という言葉があれば、それはイエスの生涯にこそふさわしい表現であろうと思います。イエスの壮絶な「生き様」がイエスの壮絶な「死に様」を招いたのです。

イエスは一体なぜ十字架につけられたのでしょうか。私たち人間は、あまりにも真実なものは避けようとする傾向があります。

動燃の「もんじゅ」の事故のビデオ隠し、厚生省の血液製剤のファイル隠し、TBSのビデオ下見隠し、真実を隠そうとする人間の弱さ、真実を葬り去ろうとする人間の罪。その罪が何の罪もないイエスを葬り去ったのです。オウム真理教により坂本弁護士一家が葬り去られたようにです。

凄まじい死が予期されていたにもかかわらず、あえてそれを回避せず、真実を貫き抜き通したイエスの凄まじい生き方はこのゲツセマネの激しい祈りの中から得られたということです。私たちが苦しいとき、悲しいとき、孤独なとき、イエスの受難を思い、ゲツセマネの祈りを思いだしたいと思います。

（一九九六・四・一〇）

福音のはじめ

〈マルコ二・一―一二、讃美歌五二二〉

今月の始業礼拝では、マルコによる福音書を学んでいます。福音書記者マルコは、イエスの生前の活動を「教え」と「奇蹟」という二つの面から捉えて記しているとみることができます。イエスの「教え」の面については、他の福音書では「たとえ話」という形式で表現される場面が多いのですが、マルコによる福音書では「論争」という形式をとって表現されています。この論争形式をとることによってマルコは、イエスの教えが論争の相手である律法学者やファリサイ派の人たちと対立するものであること、伝統的なユダヤ教指導者とは真向から対立するものであること、対立するものであったことを強調しているように思われます。

今日の聖書の箇所は、その論争形式の一番目のお話と理解することができますが、このところは、奇蹟の話と論争の話と二重構造になっています。すなわち、五節の終わりから直接一一節につなぐと、中風の者が起き上がり、床を担いで出て行ったという奇蹟のお話であり、その間の六節から一〇節までは律法学者との論争のお話です。

したがって、この箇所はイエスが行った一つの奇蹟に関しての律法学者との論争の話であり、奇蹟の話と論争の話の両方の性格をもっていて、一章の奇蹟の話と二章の論争の話をちょうどつなぐような形式で記されています（田川建三著『マルコ福音書上巻』新教出版社）。

六節に「ところが、そこに律法学者が数人座っていて」とあります。同じことを記したルカによる福音書五章一八節以下では二一節に「ところが、律法学者たちやファリサイ派の人々は」となっていて、ファリサイ派の人たちが付け加えられています。いずれにしても、律法学者やファリサイ人は熱心なユダヤ教の指導者たちであり、当時のユダヤ社会の宗教的支配者たちです。数えれば何百とあるユダヤ教の律法をことごとく守ろうという熱心な人たちです（口語訳聖書ではパリサイ派、新共同訳ではファリサイ派）。

しかし、彼らが問題なのは、律法を守ることが目的になっている、手段が目的になっている形式主義者であり、律法を守っている自分たちを正しい人間、義人《ぎじん》だとし、律法を守らない、守りたくても守れない人々、すなわち、病人とか収税人、遊女とか貧しい人々、そういう社会のめぐまれない底辺にいる人々、社会的弱者を律法を守らない罪人《つみびと》だとレッテルをはり、差別し、ユダヤ社会から排除しようとする人たちだということです。

ですから、ここに登場する屋根をはぎ取って穴をあけ、そこから床をつりおろされてドラマチックに登場した中風の人は、律法学者たちから見れば、まったくの罪人ということになります。中風という病気がどのような病気なのかは必ずしも明確ではないのですが、何らかの精神的な原因によって手足が麻痺した状態になる病気のようです。しかも、「病人が病気になるのは、その人に罪があるからである」という病気は罪の結果であるという因果応報的な考え方が、当時のユダヤ社会の民衆にも律法学者たちの中にもあったと言われています。

病気になるのは、その人が何か悪いことをしたからである。病気は罪の結果だという因果応報的な考え方は、古い時代ばかりではなく、また、ユダヤ社会ばかりでなく、現代のわが国においても一部残っているのではないでしょうか。エイズに対する偏見などもその類かも知れません。

あるユダヤ人たちは、罪がその人自身にあるのは、母胎の中で、または出生以前に罪を犯したからと考え、両親の罪の報いがその子供にもかかってくると信じていたようです。

しかし、きょうの聖書の箇所においてイエスは、病気は罪の結果であり、病人は罪人であるという律法学者やファリサイ派の人たちの考えを逆手にとって、中風の人を立って歩かせるという奇蹟を行って見せ、病人が歩けるようになったということは、あなたがたが言う罪が赦されたことになる、だからイエスには罪を赦す力があるということを律法学者たちに示すと同時に、罪が赦されなければ、この人の病気はなおらないと信じている律法学者や群衆には「あなたの罪は赦される」という言葉よりは、この中風の人を立たせて歩かせるという奇蹟を行うことの方が、この病人の罪が赦されたという反論を許さない明らかな罪の赦しの証明となったのです。

病気は罪の結果であり、罪が赦されなければ病気はなおらないというまちがった論理を逆手にとって、イエスは自分に地上で罪を赦す権威のあることを示し、なおかつ、律法学者たちの罪認識のまちがい、すなわち、病人を罪人として差別し、自らを罪のない義人だとしている人たちへの批判を行ったのでした。

それにもかかわらず律法学者たちは、罪を赦すことは神の主権に属することであり、このイエスの言動は神の主権を侵す不敬罪であるとイエスを避難したのです。そして、この出来事がイエスに対する律法学者たちの反発、対立のはじめとなり、やがてイエスを糾弾する声となり、ついには十字架の道へとむかっていくのでした。

マルコによる福音書の一章一節には「神の子イエス・キリストの福音の初め」とありますが「福音伝道の初め」は「ユダヤ教徒との対立のはじめ」でもあります。

私たちが聖書的に生きようと思えば、聖書的価値観に立とうと思えば、そこにはこの世との対立があることを覚悟しなければなりません。この世に勝利されたイエスの教えを学ぶことによって私たちもまた、この世に打ち勝つことができることを信じて歩んでいきたいと思います。

（一九九四・五・一三）

一途な信頼

〈マルコ七・二四―三〇〉

県高校総体が終わりました。今回の総体で画期的だったことは、東北朝鮮高級学校の大会出場ということだったと思います。東北朝鮮学校には、東北各地から集まった小学生から高校生までの六十人ほどが寮生活をしながら学んでいます。少人数ですので、高校総体に出場した種目は、男子のサッカーと女子のテニスだけのようでした。テニスチームは数年前につくられたときに三度ほど本校に来て、練習試合をしたことがあるので、私たちにとっても、朝鮮学校の総体出場は大変うれしいことでした。

寮生活という私的な場面でも、半分近くは日本語を交えて会話しているそうで、日本で生まれて、皆さんとほとんど変わらない学校生活をしている生徒の総体参加は、遅きに過ぎはしても、何やらほっとさせられるものがありました。

この東北朝鮮学校の生徒たちには、今のところ何らの圧迫やいやがらせはないとのことですが、新聞によると、朝鮮民主主義共和国、北朝鮮の核疑惑や国際原子力機関の査察問題などに起因すると思われる在日朝鮮人へのいやがらせや暴力が多発しています。

栃木県では、朝鮮学校の女子中学生が登下校時に制服のチマ・チョゴリを着ることを中止したそうです。五月二十九日の朝日新聞の投書欄に朝鮮学校の先生がつぎのように投稿していました。

「栃木でのチマ・チョゴリ通学中止の報道に、同じく民族教育に携わる者として心を痛めています。私の勤める東京朝鮮中高級学校でも四月からこれまでに、チマ・チョゴリを着た女子生徒が同じようにチマを裂かれ、こぶしで突かれるという事件が七件ありました。（中略）国際化が叫ばれ国際貢献を唱えるこの日本社会で、なぜ、自分を見つめ朝・日の新しい架け橋となるべく学ぶ生徒たちが危険にあうのでしょうか。国際化とは自国の文化を愛するように他国の文化を尊ぶことではないでしょうか。チマ・チョゴリに向けられた危険を前に、チマ・チョゴリを脱いだ後の危険を思うのは私たちの杞憂であってほしいと思うのです」

さて、きょうの聖書の話は、イエスがティルスの地方に行った際、人に知られることなく、しばらく家で休息しようとしていた。しかし、病気の娘をかかえて困っている地元の一人の母親が、イエスの滞在を聞きつけてきて、娘から悪霊を取ってくれるように熱心にイエスに頼んだ。イエスはこの女性の熱心さに心が動かされて、あたたかくその願いを聞き入れ、娘から悪霊を追いだしてやったというお話です。

この物語の中心は、女性のイエスに対するひたむきな信頼感にあることは容易に読みとることができます。しかし、この話を分かりにくくしているのは、二七節の「子供たちのパンを取って、小犬にやってはいけない」というセリフです。しかも、この箇所と同じ出来ごとを記したマタイによる福音書の一五章では、「わたしは、イスラエルの家の失われた羊のところにしか遣わされていない」という、ユダヤ人優位の言葉がつけ加えられているために、マルコによる福音書のほうも選民意識の強い、エリート意識の強いユダヤ人が他国の人を汚れた異邦人として差別して「犬」呼ばわりしてはばからない、ユダヤ人対異邦人という差別の構図、あるいは民族的差別の問題を意識させられてしまうのです。

シリア・フェニキア生まれのギリシャ人であるこの外国人女性を小犬にたとえ、パンをイエスが与える幸いと捉えると、イエスが民族的差別のうえに立って、お情けで外国人女性にも恵みをほどこしたということになり、なにか後味の悪いものになり、読む者につまずきを与えるのです。

マルコ福音書は民衆の福音書です。特権階級の住むエルサレムではないガリラヤという辺境の地方で生き、活躍したイエスが、いかに多くの名もない民衆に取り囲まれ、愛され、信頼されていたかをマルコは書きたかったのです。

では、イエスにもマルコにも外国人蔑視の思想があるはずもないのに、「子供たちのパンを取って、小犬にやってはいけない」という差別的表現をどのように理解したらよいのでしょうか。

イエスはそのゆく先々で群衆に取り囲まれ、病気の治療や奇蹟をおこないました。そして、たびたび人里はなれたさびしい場所にゆき、そこで祈り、休養されました。しかし、そのたびごとに人々が押しかけてきました。

このイエスの公的な時間と私的な時間は、イエスの生活のリズム、宣教のリズムなのですが、マルコは休息の時間が持ちえないほどに、民衆に囲まれたイエスを描きたかったのです。

イエスがティルスの地にいったのは、静かに休養したかったからで、家で休んでいると、例によって例のごとく、すぐ人が聞きつけてきてその休養を奪おうとする。そこでイエスは「まず、子供たちに十分食べさせなければならない。子供たちのパンを取って、小犬にやってはいけない」と言う。ここでは誰が子供で、誰が犬か、パンとは何か、ということではなく、休息を必要としている者から休息を奪うのはよくないという程度の意味と考えられます（田川建三著『原始キリスト教史の一断面』勁草書房）。

しかし、その女性は謙遜な機知に富んだ返答をして熱心に娘の癒やしを求めた。イエスの休息を奪うほどの熱心さと一途な信頼をイエスは高く評価されたということになろうと思います。

マルコは異邦人や病人を汚れた罪人《つみびと》だとして、差別している律法学者やファリサイ人を非難し、差別されている民衆を兄弟姉妹と呼び友としたイエスを描くことによって、私たちも差別する側の人間としてではなく、日本人も外国人もない民衆として、イエスを一途に信頼して生きることの大切さを、この一人の女性を通して教えているように思われます。

（一九九四・六・一〇）

自分の十字架を背負い

〈マルコ一五・一六―三二、讃美歌一三二〉

きょうとあすの聖書の箇所は、まさに十字架上の処刑の場面です。

そのあり様が、言語に絶する凄惨なものであったことは、三四節の有名な十字架上のことば、「わが神、わが神、どうしてわたしをお見捨てになったのですか」という人間イエスの断末魔の叫びに、余すところなくあらわされています。

イエスはなぜこのような凄惨な死を遂げなければならなかったのでしょうか。

イエスの壮絶な「死に様《ざま》」は、イエスの壮絶な「生き様」の故であるということを、いつかお話ししたことがあります。イエスの壮絶な「生き様」が壮絶な「死に様」を招いたと言えると思います。イエスの偉大さは、その凄惨な死、十字架の死を十分予知しつつも、権力に屈することなく、果敢に生き抜いたことにあり、そのような壮絶な生き方、生き様に私たちは圧倒されるのです。

キリスト教は、イエスとの出会いの宗教だとよく言われます。イエスとの出会いとは、人と人との単なる物理的な接触ではありません。イエスとの人格的な触れ合いであり、人格的な動揺と人格的な感動をともなうものです。そのような出会いを、聖書を学ぶ中から、体験していきたいものと願っています。

きょうの聖書の中にも、イエスと出会った一人の男についてさりげなく記されています。おそらくこの男の人も、イエスの壮絶な生と死に接し、イエスに圧倒された人物であろうと思われます。なぜならこの男の人は、アレキサンデルとルポスの父シモンとあるからです。アレキサンデルとルポスとその母は、このマルコ福音書が書かれた当時、広く知られていた信者であり、この親子はその父シモンの影響によって回心したと考えられます。先ずこの父親が信者となり、そしてその妻そしてその子が信者になったと考えられるからです。この父親はクレネ人シモンと記されていますが、この男についての記述はマタイ、マルコ、ルカの、共観福音書全体、六四〇、四〇一行のうちの八行、〇・〇一％程度の極々小さな扱いです。

もし、イエスの生涯を映画か芝居にするなら、このクレネ人シモンの役はキャストに名前のない、その他大勢のエキストラで、駆け出しの役者か、アルバイトの学生が演じるような役であると思います。

イエスは過越の祭りの晩、逮捕され、裁判を受け、朝まで拷問をされました。いかに頑健でも、重い十字架を担いで歩き通す体力は残っていなかったのでしょう。喘ぎながら十字架の横の部分の木を背負わされて、ゴルゴタとよばれる処刑場へと向かう道すがら、たまたま同じ道を通りすがった男、北アフリカのクレネの者で名はシモン、この男に総督ピラトの兵士たちは、イエスの十字架を無理に背負わせ、イエスのあとから行かせたと記されています。偶然、突然、イエスの十字架を背負わされ、処刑を目の当たりにしたこの男は、その後、イエスを主と信じる者となったと考えられます。

このクレネ人シモン同様、私たちもまた映画や芝居の字幕やプログラムに名前の出ない、駆け出しの役者か、アルバイトの学生が演じる名もない、小さな役を演じるためにこの世に生かされ、生活しています。私たちもある時、偶然、突然、十字架を背負わされることがあるでしょう。戸惑い、たじろぎつつも、十字架を背負って、イエスのあとを歩んで行く、その行く手に神の栄光が待っているというのが信仰です。

「だれでもわたしについてきたいと思うなら、自分を捨て、自分の十字架を負うて、わたしに従ってきなさい」（マタイ一六・二四）、「すべて重荷を負うて苦労している者は、わたしのもとにきなさい。あなたがたを休ませてあげよう」（マタイ一一・二八）

イエスがあらゆる苦難に耐え、十字架の死に打ち勝ったことにより、私たちは大きな励ましを与えられ、慰めを与えられているのです。

（一九八八・四・二〇）

受胎告知

〈ルカ一・二六―三八〉

聖書は究極的には全人類に向けて書かれているということですが、共観福音書といわれるマタイ・マルコ・ルカによる福音書は、マタイはユダヤ人を、マルコはローマ人を、ルカはギリシャ人を直接の目標として書かれたと一般には考えられています。

そのためもあってか、同じ記事を取り上げても、若干取り上げ方や説明の上で強調点がちがっていると思われるところがあるようです。

きょうの聖書の箇所は、いわゆる受胎告知の物語であり、マタイとルカ福音書にだけ記されています。マタイはユダヤ人ですから、旧約聖書に忠実であり、イエスの降誕を旧約聖書の預言の成就という視点から、ダビデ王家の系図を用いてイエスのメシヤ性を立証しようとしています。一方福音書記者ルカは、アンテオケ出身の異邦人であり、思想的にも教養的にも哲学的にもすぐれたギリシャ人に向けて訴えているためか、天使の相次ぐ出現とか、聖霊の活発な活動とか、奇蹟と預言など超自然的な新時代の夜明けを文学的な香りをもって描写しています。きょうの受胎告知の物語も、マタイ福音書ではヨセフを中心に書かれているのに対して、ルカ福音書ではマリヤを中心として書かれている点なども、このような立場のちがいからくるものではないかと思います。しかし、両者ともにこの受胎告知の骨子となるのは、旧約聖書のイザヤ書七章一四節の「見よ、おとめがみごもって男の子を産む。その名はインマヌエルととなえられる」という聖句にある点で共通しています。

さて、ものの本によると、当時のユダヤの結婚には三つの段階があったそうです。婚約という段階と許婚《いいなづけ》という段階、そして結婚という三段階です。

はじめの婚約は、二人がまだ子供のとき、普通は両親か、専門の仲人によってなされるのだそうです。伝承によれば、マリヤは十二歳のときに、大祭司ゼカリヤへの天使の告知により、ユダヤの男子からくじ引きで、ヨセフと婚約することになったのでした。

次のいいなづけという段階は、子供のときに決められた婚約を、大人になって娘に異議がないときに、その婚約を承認するということです。このいいなづけの期間は一年間で、この期間が終わると三段階目の結婚となります。二段階目のいいなづけの間も、対外的には夫と妻として取り扱われ、そのいいなづけの関係を解除するには法的な離婚以外になかったそうです(W・バークレー著・松村あき子訳『マタイ福音書上』ヨルダン社)。

マリヤとヨセフは、このいいなづけの関係でしたから、マタイによる福音書一章の一九節以下で、結婚前なのに夫とか離縁状という言葉が使われていることが理解できると思います。一九節に「夫ヨセフは正しい人であったので、彼女のことが公けになることを好まず、ひそかに離縁しようと決心した」とあっさり書かれていますが、この中に並々ならぬヨセフの苦悩を読み取ることができます。結婚前に身重になるということ――最近はよくあるようですが――しかも、自分の子供ではないということは、姦淫であり、ユダヤの律法では、申命記二二章二三節により、マリヤは石打ちの死刑とされてしまうのです。

ヨセフは律法の手に渡さず、寛大な当時の離婚法に従って、公にしないで離縁しようと決心したのです。そのようなヨセフの動揺に対して、ルカ福音書に記されたマリヤの冷静さ、落ちつきには感心させられます。ある人はマリヤを純潔、謙遜、信仰、服従、思慮深さという点から、聖書の中の理想的な女性としてほめたたえています（沢村五郎著『聖書人物伝』いのちのことば社）。

イエスの生と死と復活を信じることがキリスト教を信じるということですが、この処女降誕という超自然的な出来事はなかなか受け入れ難いものがあります。

この受胎告知の物語には、イエスという方が一人の人間としてまぎれもなくこの世に生を受けたこと、そして、それが旧約の預言の成就であること、処女降誕という超自然的な表現を通し、一般の人間のように生まれながらに罪を有していないというところに強調点があるのだと思います。イエスの降誕から十字架の死と復活までの出来事を記した聖書の箇所から、今の私たちへのメッセージを受けとめる努力を続けていきたいものと願っています。

（一九七九・一二・一二）

客間には彼らのいる余地がなかったから

〈ルカ二・一―七〉

今年もあますところ十数日になりました。世の中は年の瀬ということで、これからはさらに多忙をきわめることになるわけです。

十二月のことを陰暦ではご承知の通り師走《しわす》といいますが、このことばのいわれの一説に、経、お経をあげるために師僧、偉いお坊さんまでが東奔西走する、東西を馳せ走るところから師馳、それが師走になったという説があります。

「師走女」とか「師走化粧」などということばもあって女性の方もなりふりなどかまってもいられないということなのでしょう。このように年の瀬というものは、昔から大変忙しかったもののようです。

昔の人は偉いもので、このように忙しい忙しいという状態に警告を与えるかのように、「忙」しいという字を「立心偏」に「亡（ほろびる）」と書かせています。

立心偏は、心という字ですから「立心偏」に「亡」とは、「忙しい、忙しい」と言っていると心がほろびますよ、という意味なのだそうです。

現代の私たちならさしずめ、「金」偏に「亡」、「銙」とでも書くのではないかと思います。と私が申しましたのは、いまから二十年ほど前の昭和四十年代のはじめですから高度成長時代とよばれる頃のことです。

今ならほろびるほどの金もなく、体がほろびる、即ち「人偏」に「亡」るが、ふさわしいのではないでしょうか。まあこれは冗談ですが「心」が「ほろびる」とした昔の人は偉いと思います。

そのような多忙な年の瀬に、しかも、お盆休みや正月休みはあっても、決してクリスマス休暇などというものをもたない我が異教国にあって、クリスマスを迎えるということは、まったく悪いコンディションとしかいいようがありません。

まさに、「客間には彼らのいる余地がなかったからである」と、先ほどのルカによる福音書二章七節のことばが二千年たったいまにおいてもなお現実のように思えます。

時が移り、人が変わり姿が変わっても、イエスを迎えることができない、イエスの誕生を拒否している私たちの心のゆとりのなさを指摘されているように思われてなりません。私たちの心の客間は、ほかのことでいっぱいで、とてもイエスを宿す余裕などはありそうにもないというような、忙しいという大義名分を盾に、本当にしなければならないこと、本当に受け入れなければならないことを拒否している私たちの心の中を言っているように聞こえてなりません。

しかし、神は我々の状況がどうであれ、我々の心の中がどうであれ、馬小屋の飼い葉桶の中にさえ、ひとり子を降されたほどの一方的な愛を示されたのだということを教えられるのです。私たちが忙しさにまぎれて、あるいは忙しいことを理由に、真実に背を向け、真実を拒んだとしても、神は一方的に真理を語り、真実を備えていてくださることを教えられます。

イエスの誕生は、イエスの死と同様に悲惨なものでした。人々はイエスの誕生においても、馬小屋しか提供できなかったのです。あるときはイエスを歓喜して迎えた群衆、そして罵倒して十字架につけた群衆。にもかかわらず、「父よ、彼らをおゆるしください。彼らは何をしているのか、わからずにいるのです」（ルカ二三・三四）という十字架上のことばの前で、私たちは何をしなければならないのでしょうか。このクリスマスの季節に、イエスの生と死と復活について考え、自分の何であるかを問い直してみたいものだと思います。

（一九八五・一二・一八）

沈　黙

〈ルカ二・一一―二一、讃美歌九四・一〇六〉

「小さな親切大きなお世話」という表現があります。親切のつもりですることが相手にとっては迷惑になることもある、「ありがた迷惑」、「いらぬお世話」ということです。

よくあげられるのが公共の乗り物や駅で流される過剰な注意のアナウンスです。十月頃だったと思います。地下鉄に乗った時のことです。私の向かいに座って本を読んでいた青年が、「次は○○駅です。お出口は○側です」という車内放送が流れた瞬間、突然大声で「ドア付近の方は戸袋に手などを挟まれないようご注意ください」と叫んだのです。

私をはじめ乗客は、唖然としてその青年の方に目をやったのですが、私は、それからが落着きません。次の駅が近づいたら、また叫び出すのではないかとひやひやしながら、目の前の青年に注目していました。また車内放送が流れ出すと、今度はその放送が自分の耳に聞こえないようにするためか、両耳に指を突っ込んで、顔を引きつらせて大きな声で「オーッホッホー」と十秒位、叫び続けました。次の駅で私は降りたのでしたが、あれは一体なんだったのだろう、車内放送に対する抗議だったのだろうか、心の病のためだったのだろうか、今でも不思議に思っています。ただ明らかなことは、車内放送が微にいり細にいり、再三くり返され、うるさ過ぎるということです。我が国では、駅や車内のアナウンスが過剰なのです。

　このような「小さな親切大きなお世話」は、クリスマス商戦の街の騒音ばかりでなく、家にも学校にもあるように思います。

　テレビのなかった私の子供の頃、寝床から手を伸ばして、ラジオのダイヤルを神妙に回してやっととらえた文化放送だったか、朝日放送だったか、アナウンサーが、「みおつくし（澪標）の鐘が、ただ今より十時をお知らせします」と言うと鳴り出す鐘の音を感動して聞いていました。そのウェストミンスター寺院の鐘の音が、今や日本の国中の学校で鳴っています。この学校の鐘の音・時鈴《チャイム》に対する苦情が全国紙に投稿されていました。せめて、日曜、祝日、休暇中は止めてほしいというものでした（朝日新聞「声」「学校チャイム祝日は止めて」一九九二・五・一三）。

　このような騒音の中で生活していると、何の音もしない状態、沈黙という状態への恐怖感がつのっていくように思われます。知らず知らずに皆さんもこの沈黙恐怖症に感染してはいないでしょうか。毎朝の礼拝に向かう廊下でのおしゃべりのけたたましさ。先週の土曜日、登校バスの車中のおしゃべり騒音に対する苦情の電話を受けました。ほんの少しの沈黙、孤独にも耐えられずおしゃべりを続けるのではないでしょうか。

　喧騒の裏にある孤独。地下鉄の青年の言動も、この孤独と無関係ではなさそうです。「孤独は山になく、街にある」のです（三木清『人生論ノート』新潮文庫）。

そのような喧騒と孤独の社会に、今年もクリスマスを迎えます。ルカ福音書が伝えるキリスト降誕の物語は、実に詩的で美しいと思います。何の音もない静まりかえった夜のしじまにさんざめく無数の星々。まさに光のページェントです。

せめて一年一回、クリスマスの夜に、街の灯りを消すことが出来たら、二千年前と同じ満天の星空を仰ぐことができるのに、仙台の「光のページェント」の発想は真逆で、私にとっては「小さな親切大きなお世話」のように思えます。

今月（一九九二年十二月一日）から気圧の単位となったヘクトパスカルでおなじみになったパスカルの有名な言葉、「この無限の空間の永遠の沈黙は、私を恐怖させる」（パスカル『パンセ』二〇〇六・翻訳、前田陽一・柚木康、中央公論社）。その沈黙の夜、羊飼いたちが羊を守って野宿しているところに、天使が現れて救い主の誕生を告げる。するとたちまち天の軍勢が現れて、大合唱を宇宙に響かせる。神がアダム、アブラハム、ヤコブに約束し、預言者イザヤそしてミカが預言した救い主メシヤ・イエスは何千年という永い、暗い、深い沈黙を破って、忽然と輝いた希望の光でした。

世の中が暗く、騒がしく、忙しくあればあるほど、ルカが伝えるこの世界で初めてのクリスマスの夜の出来事への憧憬を強くします。

皆さんが歌う「ハレルヤ」の合唱の最後、「ハレルヤ、ハレルヤ、ハレルヤ、ハレルヤ」そ

して一瞬の沈黙、この沈黙のためにこの合唱があるようにさえ思えるのです。この沈黙がある
からこそ、最後の「ハレルヤ」の声が救い主メシヤの降誕を心から喜ぶ歓喜の声となり、孤独
に打ち勝つ希望の喜びの声となって響きわたるのです。

この季節、出来るだけおしゃべりを控えて沈黙し、自分の孤独を認識し、この私の孤独のた
めに神がひとり子をおくられたことに感謝したいものです。

（一九九二・一二・一六）

ものからこころへ

〈ルカ二・四〇―五二、讃美歌一二一〉

今年は国連の「国際居住年」。正確にいうと「家のない人の家のための国際年」というのだそうです。

折りしも今年の干支が卯年、ウサギには何の罪もないのですが、「ウサギ小屋」問題、即ち、我が国の住宅事情の貧しさについて正月の新聞は取り上げていました（朝日新聞社説「国際居住年に当たって」一九八七・一・六）。

アダムとエバから始まったという地球上の人口は、今世紀初頭において十六億だったものが今（一九八七年）は五十億、今世紀末には六十億、そして更に増え続け平衡状態に達するといわれる百年後には百二億とも百十二億とも推測されています。

衣食住、そしてそれを支えるエネルギー問題は、今や、ただ日本という一つの国を視点に考えることは不可能で、世界的規模、地球的規模において論じられ検討されていくことになるにちがいありません。

世界地図を広げれば、自分の国が真ん中にあって、自国を中心に世界が回っているかのような意識から、地球的な規模で自国を捉え直すコペルニクス的転回ともいうべき認識の変革が、私たちの生活の意識の中にも求められているように思います。

アポロ一五号に乗った宇宙飛行士が、宇宙から見た太陽系第三惑星としての地球が、あまりにも心細く切なげだったので、地球に戻ってから牧師になったという話もあります（ジェームス・アーウイン飛行士、一九七一・七・二六、月面着陸・前著「真理の大洋」一三七頁）。

ちょうどその頃、「宇宙船地球号」「スペースシップ・アース」という見方が提唱されました。宇宙船の中の物はすべて有限で、水も空気も食料も、特別な工夫をしなければいつかはなくなる。人間が出す二酸化炭素や排泄物は宇宙船内部を汚染する。これからは廃棄物を生産過程に還元するようなシステムを開発し、生態系を破壊しないことが大切になってくる。宇宙飛行士経済、宇宙船地球号の乗客意識が必要だということです。

昭和元禄といわれた高度経済成長期、カー、クーラー、カラーテレビの三Cが暮らしの三種の神器と崇められましたが、二十年たった今、意識的な女性の求める三Cは、キャリア、コオペレーション、コミュニケーション、「生きがい」「男女の協力」「精神交流」だそうで、ものに固執した時代に比べ、求めるものが心に傾いてきているそうです。

昨年五月に行われた総理府の国民生活に関する世論調査でも、人々は現状の生活を肯定しつつ、今後重きを置く生活として、「心の豊かさやゆとり」を挙げた人が四九・一%と、「物質面で生活を豊かにする」と答えた三二・七%を上回ったのです（朝日新聞一九八六・一一・三）。

このようなことを前提として、今日の聖書の箇所を見てみますと、イエスの少年時代の質素で慎ましい家庭生活を垣間見ることができます。

イエスが十二歳の時、家族で過越《すぎこし》の祭りでエルサレムに上った際のエピソードが素朴に描かれています。

「イエスはますます知恵が加わり、背たけも伸び、そして神と人から愛された」と記した福音書記者ルカは、ユダヤ人の王と言われたイエスが王宮ではなく、馬小屋に生まれたことを記すことによって、聖書は物質的な豊かさではなく、むしろ質素について、心の豊かさについて記した書物であることを暗示しています。

この正月三が日に八千万の人が初詣でをしたそうです。無病息災、家内安全、商売繁盛、今日も明日も多くの人々がこの世的な願望を叶えてもらうために宮詣でをすることでしょう。今日の聖書の過越の祭りのための宮詣では、ユダヤ人の先祖がかつて艱難辛苦の末、エジプトから脱出した当時の苦難を偲び、神の救いの恵みに感謝するしるしとして行う行事です。私たちも聖書の神に与えられている物質的な豊かさに感謝するとともに、聖書を読み、心の豊かな人間になれるように祈りたいものです。

（一九八七・一・一四）

傍観者

〈ルカ一〇・二五―三六〉

すでに何度か読まれ語られた「良きサマリヤ人」の話です。「では、わたしの隣り人とはだれのことですか」（ルカ一〇・二九）、という律法学者の質問に答えたイエスの、「だれが強盗に襲われた人の隣り人になったと思うか」（一〇・三六）、「あなたも行って同じようにしなさい」（一〇・三七）という言葉にすべてが凝縮されています。

隣り人がだれかを知ることではなく、私たち自身が隣り人になることが求められているのです。私たち自身が苦しむ人の隣り人であることを証しすることが求められているのです。しかし、現実の私たちはどうでしょう。この聖書箇所に登場する人物の中で、その思いと行いにおいて私たちの姿と重なる人物はだれでしょう。「わたしの隣り人とはだれのことですか」（一〇・二九）と質問した律法学者、話の中に出てくる、見て見ぬふりをして向こう側を通って行った祭司、そしてレビ人。これらの人たちは、何をなすべきかを知りつつも、行動しなかった人たちでした。私はこの人たちに現代の私たちの姿が重なるように思うのです（前著、「主よ、我何をなすべきか」二二七頁）。

事に接して、自分には関係ないと傍観者、局外者・アウトサイダーとなってしまうことの多い私たち。ものごとを合理的にだけ考えようとする時代的なものと相まって、このような傾向は強くなってきているということです。四月の新学期が始まって間もなく、新聞に、生徒会の無関心、高校生の無気力を嘆いた高校教師の投稿が載っていましたが、その指摘を待つまでもなく、私たち自身の中に、私たちの周囲によく見られる傾向です。

むかし読んだカミュの『異邦人』の主人公・ムルソーのような人物も、あながちフィクションではないように思えてきました。

あの主人公は、自分は一人暮らしをしていて、養老院にいた母親の死亡の知らせを受けると、迷惑そうに「わたしのせいではないのです」と上司に言って休暇を取り、葬式で涙を流すこともなく、出席者が泣いているのを見て、不思議に思ったり、式の後で映画を見たりデイトしたりと全く、母親の死が他人事のような傍観者、局外者的な行動をとる人物でした（『異邦人』窪田啓作訳、新潮文庫一九六三年、前著、「他人の関係」六四頁）。

このような生き方が、知らず知らずのうちに私たちの生き方になってきているように思えて、恐ろしくなりました。聖書を読む際にも、迷える一匹の羊は自分とは全く関係のない他人のこと、目の見えない人、耳の聞こえない人、中風の人も自分とは関係ないと、他人事として読み流してはいないでしょうか。

また、いくら聖書の教えや、イエスの生き方に感心しても、イエスに従おうとしなければ、やはり傍観者ではないでしょうか。

ビリー・グラハムという米国の有名な説教者が、昨年（一九六七年）秋、日本に来て話をしたのを、テレビで観ました。こんなたとえで話をしていました。

あるサーカスで、軽業師が実に見事に、危なげなく、むずかしい綱渡りをやって見せたあと、観衆に向かって、これから、この手押し車に人を乗せて綱渡りをするのだが、成功すると思いますか、と聞いたところ、観衆は皆、成功すると答えたそうです。すると、軽業師は、では、ここにひとり来て、この手押し車に乗ってください、と言いました。どうでしょう、だれも買って出る人はいなかったという話です。

信仰は頭で理解し、口で信ずると言うだけでなく、イエスと共に歩むことを勇気をもって決断することだ、ということだと思います。聖書を、他人事ではなく、自分に対して語られているのだという思いで、読んでいきたいものと思います。

（一九六八）

みにくさ

〈ルカ一一・三九―四一、讃美歌三一二〉

学校の図書館に見慣れない雑誌がありました。どんな雑誌なのかとパラパラめくって、一番終わりにある編集後記の欄を読んでちょっと驚きました。こういう書き出しでした。

「本誌の編集はつぎの内容が常に生き生きと輝き溢れるように配慮されています。感謝、愛情、希望、誠実、努力、勇気、英知、夢、技術、才覚、美、感激、創造などです。……」。これらのことが、常に生き生き輝き溢れるように配慮されている雑誌だというのです。日頃の私たちの周辺にはないことばかり、学校や社会など私たちの周辺で見聞きすることは、まったくこれらのこととはかけ離れた、反対のことばで表現されそうなことが多すぎるからです。すなわち、何ごとにも感謝するということがなく、本当の愛情をしらない、希望のない、不誠実で、怠け者で、勇気がなく、無知で、夢がなく、みにくく、無感動な人間、そしてそれらがつくりだしている社会、社会現象、ということの方が現実ではないかと思うからです。

そのような人間や社会の欠点を、今ひとことで「みにくさ」と表現したとすれば、「美しい人間、美しい社会」というよりは、「みにくい人間、みにくい社会」という方が、より現実に近い表現だと思います。そして、そのみにくさに気づいた人は、そのあまりのみにくさに耐えられなくなり、何とかしてそのみにくさから逃れたい、そのみにくさを乗り越えたいと願うにちがいありません。

その雑誌のなかにつぎのような話がでていました。

昔、中央アジアの英雄チムール大帝が、鏡を献上されて、初めて戦傷だらけの自分の顔を見てこの英雄は、かくもみにくいのが己なのかと泣いたという。やがて泣きやんで隣を見ると、そばにいた道化者の家来が、いつまでも泣きやまないので、「はて汝は、なぜ泣くのだ」と問うと「そのみにくい顔を朝から晩まで毎日眺めていなければならないと思うと、悲しうて、悲しうて」。とまあ、笑い話のようなものですが、自分ばかりでなく、他人までも悲しませる己のみにくさ。

「白く塗った墓」という表現がマタイによる福音書二三章二七節にあります。

「あなたがたは白く塗った墓に似ている。外側は美しく見えるが、内側は死人の骨や、あらゆる不潔なものでいっぱいである」（高橋和巳の小説『白く塗りたる墓』〔筑摩書房〕は文語体）。

外側を飾りたてるのに比例するかのように汚れていくこころの内側。「箴言」に、「盗んだ水は甘く、ひそかに食べるパンはうまい」（九・一七）とありますが、ひそかに食べ、盗むたびに汚れていく心。もし心の中を映す鏡があったなら、チムール大帝が「かくもみにくいのが己なのか」と嘆き悲しんだように、私たちも己の心のみにくさに耐えきれないにちがいありません。オスカー・ワイルドの小説『ドリアン・グレイの肖像』（新潮文庫）の美貌の主人公が己のあまりのみにくさに我とわが身を刺しちがえたように（前著「希望の源」二一一頁）。まだ自分のみにくさに気づかず、私は美しいと思っている人があるとすれば、その人は、自分の心を映す鏡を持っていないか、汚れた鏡なのでしょう。

自分のみにくさに気づいた人は、どうしたらそのみにくさを乗り越えられるのか、一生の課題でしょうが、乗り越える努力をしつづけるでしょう。そして己のみにくさに気がついたときに、聖書は、そしてイエスは、より身近なものとして私たちに迫って来るように思われます。

きょうの聖句、「……あなたがたの内側は貪欲と邪悪とで満ちている。愚かな者たちよ、外側を造ったかたは、内側も造られたではないか。ただ、内側にあるものをきよめなさい。そうすればいっさいがあなたがたにとって、清いものとなる」（ルカ一一・三九―四一）

（一九八三・七・一四）

戦責告白

〈ルカ一二・一三―二一〉

きょうの「愚かな金持ち」のたとえ話は、「命あっての物種」ということではないでしょうか。すべてこの世の富は死によって無と化すことを忘れて、自分のためだけに貪欲に富を蓄えることの罪、貪欲の罪・貪《むさぼ》りの罪を諫めるお話と受け止めました。「自分のために富を積んでも、神の前に豊かにならない者はこのとおりだ」とあり（二一節）、この世ではなく天に宝を積むことの大切さを教えています。

私たちは暑い夏を迎えるたびに、私たちの祖国の犯した過去の悲惨な戦争の歴史を思い、二度と再び同じ過ちを犯さないことを誓い、世界の平和を願うのですけれども、戦争はこの貪欲の罪・貪りの罪によって起きるのです。自国の富のみを追求する結果、最も大切な人の生命を奪い、奪われてしまうのです。

八月十五日を前に、私たちの高校（宮城学院）三年生の三人が街で戦争について、若者にインタビューしたという記事、「高校生が若者たちに聞いた『戦争』」という見出しの記事が八月十二日の河北新報の夕刊にでていました。

「戦争を身近に感じたことがありますか」という質問に対して、三十人中二十四人、八〇％の人が戦争を身近に感じたことがないと答えていました。

そして、インタビューした三人が「『同世代の生の声を聞いて歩く体験は新鮮だった。戦争がイメージすらなくなっている。ショックだけど、この現実を直視することが必要』と声をそろえた」と書かれてあり、さらに一人ひとりの感想がでていました。

Ａさんは「私たちの世代は過去の悲惨な戦争を実体験することはできないけど、本を読んだり、体験談を聞いたりすることで、戦争の恐ろしさを実感することはできる。若い世代であっても、戦争の悲惨さや無意味さを次世代に語り継ぐことが大切と感じた。二度と過ちを繰り返さないために」と語った。

Ｂさんは「戦争を身近に感じたことのない同世代の若者が多いことに驚かされた。それが悪いというのではなく、現実なのだと実感した。『だれが悪い』と問うより、『何が悪かったのか』を考えないと戦争は繰り返される。仮定の話とはいえ『戦争に行く』と答えた人がいたのはショックだった」

Ｃさんは、「戦争を知らない若者が多いのは、決して若者の責任ではないと思った。大人の人は、つらい歴史を教えたくないと考えるかもしれないけど、事の善悪は別にして、私たちには事実を知る権利がある。無知が誤った行動を生む。正しい歴史を学ぶ機会が少ないことに危機感を感じている」と述べていました。

このインタビューのように過去の戦争のイメージは風化しつつあります。しかし、映画の山田洋次監督が「戦争の思い出が風化したといわれる。が、風化とは自然現象を表わす言葉です。ヒロシマは自然現象ではない。人間が作りだした悲劇です」（朝日新聞「天声人語」一九九九・八・七）と語っているように、戦争は自然現象ではなく、人間が作りだす悲劇です。したがって、風化ということはありえないのです。

この夏は、戦争マニュアルのガイドライン法、日の丸、君が代の国旗、国歌法、盗聴法とも言われる通信傍受法、国民総背番号制と言われる住民基本台帳法と次から次と憂うべき法案が可決され、暑い夏を一層暑く重苦しいものにしました。

日の丸、君が代が法制化した日（一九九九・八・一三）の筑紫哲也氏の「ニュース23」で、作家の井上ひさし氏は、「法制化されても私は絶対に君が代は歌わない、国旗も掲揚しない。もはや戦後は終わって、新しい戦前が始まった」と怒りをあらわにしていました。

また、朝日新聞の「天声人語」（一九九九・八・一一）では「この道はいつか来た道」、戦後民主主義を否定し、戦前への復帰を目ざす動向、「逆コース」であると非難していました。

このような状況を私たちキリスト教主義の学校はどう受けとめたらよいのでしょう。

戦後二十年ほどたってから日本キリスト教団は、第二次世界大戦下における日本キリスト教団の責任についての告白文「戦責告白」（戦争責任告白）を発表しました。読んでみます。

「……『世の光』『地の塩』である教会は、あの戦争に同調すべきではありませんでした。

……まことにわたしどもの祖国が罪を犯したとき、わたしどもの教会もまたその罪におちいりました。わたしどもは見張りの使命をないがしろにいたしました。

心の深い痛みをもって、この罪を懺悔し、主にゆるしを願うとともに、世界の、ことにアジアの諸国、そこにある教会と兄弟姉妹、またわが国の同胞にこころからのゆるしを請うしだいであります。終戦から二十年を経過し、わたしどもの愛する祖国は、今日多くの問題をはらむ世界の中にあって、ふたたび憂慮すべき方向に向かっていることを恐れます。

この時点においてわたくしどもは、教団がふたたびそのあやまちをくり返すことなく、日本と世界に負っている使命を正しく果たすことができるように、主の助けと導きを祈り求めつつ、明日にむかって決意を表明するものであります」（一九六八年三月二十六日、日本基督教団総会議長・鈴木正久）

我が国の為政者が憲法九条を守り、再び同じ過ちを犯さないよう、私たちは注意深く見張りの役目を果たしてゆきたいと思います。

（一九九九・八・二六）

祈り

〈ルカ一八・一―八〉

自粛ムードと言われていたこの正月でしたが、七千五百万人もの人が初詣でに出かけたと報道されていました。人々がそこで祈ること、願うことといえば、無病息災、家内安全、商売繁盛、そうして合格祈願だと言われています。

この十二日の新聞に、「神様に札をかくして小銭投げ」という投稿川柳が載っていました（朝日新聞、「朝日せんりゅう」）。「札をかくして小銭投げ」、エビでタイを釣ろうということでしょうか。また、十九日の同欄には、「勉強はせずに合格祈願する」とありました。

このように皆、考えていることは、なんとか楽をしていい思いをしたいという、誰にもある欲求です。この物質的な豊かさの中で、この上なにがほしいと言うのでしょうか。晴れ着に着飾った華やかな姿とは裏腹に、貪欲な貧しい精神の影を見るような気がしました。

キリスト教徒にとってわが国はまさに異教の地、異教の国。キリスト教は、そのような御利益宗教ではないので、信徒は初詣でには出かけないのです。

ルカによる福音書の一一章と一八章には、祈りについてのイエスの教えが記されています。

ここでイエスは、忍耐強く、辛抱強く、執拗に祈り求めるように教えています。粘り強く必要性を祈れば、一一章の一一、一三節にあるように「あなたがたのうちで、父であるものは、その子が魚を求めるのに、魚の代りにへびを与えるだろうか。……このように、あなたがたは悪い者であっても、自分の子供には、良い贈り物をすることを知っているとすれば、天の父はなおさら、求めて来る者に聖霊を下さらないことがあろうか」と、神は、私たちにもっとも良いもの、最善のものである聖霊を与えてくれると記されています。聖霊は真に人を生かす神の力です。キリストの父なる神に祈って与えられるものは、物質的な富や、この世的な名誉や地位ではなく、真に人を生かす神の霊的な力、聖霊であると記されています。

内村鑑三は「人は祈りて富者となることはできない。また祈りて学者となることはできない。また祈りて権者となることはできない。また祈りて勇者となることはできない。されども彼は祈りてクリスチャンとなることができる。祈禱の特別の効力はここにあるのである。聖霊を賜らんと欲せずして、その他のものを求めて、われらは失望せざるを得ないのである」と述べています（『内村鑑三聖書注解全集』第九巻、教文館、『内村鑑三全集』岩波書店）。

人はパンのみにて生きるものにあらず、人を真に生かすものは神の生きた言葉、聖霊であり、それは、キリストの父なる神に、必要なものを辛抱強く、執拗に祈ることによって神から与えられるもの。その聖霊の力によって人は、失望から希望へと変えられて、生きていくことができるときょうの聖書から教えられます。

このようにキリスト教の祈りは、神からの聖霊の力を受ける手段であり、祈ることは何よりも神への信仰の証しです。ですからキリスト教徒は、「汝わが顔の前に何ものをも神とすべからず」(十戒第一戒)、初詣ではしないで、真に生きる力を与えられるために、キリストの父なる神に祈るのです。

(一九八九・一・二〇)

戦争のかげり

〈ルカ二四・一三―二七、讃美歌五一二〉

「なやめるときの　わがなぐさめ、さびしき日のわがとも」と歌いました先ほどの讃美歌五一二番は、私の子供の頃の子守唄の一つで、母がよく口にしていた歌です。

この讃美歌を大人になってから教会で歌った時に、幼い頃から耳で聞いて覚えていた歌詞と違うところがあることに気づかされました。

「わがたましいの　したいまつる　イエス君のうるわしさよ」は同じですが、次の「あしたの星か、谷のゆりか」は私が覚えていたのは「みねの桜か、谷のゆりか」でしたし、くり返しの部分の「きみは谷のゆり、あしたのほし、うつし世にたぐいもなし」は「きみは谷のゆり、みねの桜、うつし世にたぐいもなし」だったのです。

すなわち、今、私たちが「あしたの星」と歌うところは、古くは「みねの桜」となっていたのです。

戦前一九三一年、昭和六年に讃美歌が編集された時に「みねの桜」だったものが、戦後一九五四年、昭和二十九年に改訂された時に「あしたの星」に改められ、さらに三番まであった歌詞が二番までになったのが現在の讃美歌五一二番です。因みに三番の歌詞は「まごころもてよりすがらば、とこ世に契りはたえじ、きみこそかたき城なれ、あなわがきみのなつかしさよ、まみゆる日ぞまたるる、きみは谷のゆり、みねの桜、うつしよにたぐいもなし」となっていました。

戦前「みねの桜」だったものが、戦後なぜ「あしたの星」に改められたのでしょう。というより、「あしたの星」をなぜ戦前、戦中は「みねの桜」と歌ったのでしょう。「桜」に込められた思いとは何だったのでしょう。軍歌に「貴様と俺とは同期の桜、見事散りましょ國のため」、「七つ釦《ぼたん》は、桜に錨《いかり》」などとあります。

そして今、この私の手元にある両親がつかった一九三二年、昭和七年発行の讃美歌には、「便宜上ここに収む、本書の歌に非ず」として、交読文のあとに「君が代」が譜面と共に載っています。讃美歌にも戦争のかげりが感じられます（前著『平和への道』二四〇頁、石丸新著『賛美歌にあった「君が代」』新教出版社、二〇〇七年）。

私はこの讃美歌五一二番を歌うたびに戦前、戦中に日本のキリスト教会が犯した過ちを思うとともに、今日、このように全く自由に、何者にも束縛されることなく、イエス・キリストの父なる神を礼拝できることに感謝すると同時に、この礼拝する自由を大切にしていきたいと思うのです。

三月二十四日の朝日新聞の「声」の欄に、私たちと同じキリスト教主義の学校である明治学院の中山弘正前院長の「建学の精神を守る思い再び」という投稿文が掲載されていました。一部を読みます。

「学院は、敗戦五十年を目前にして、『明治学院の戦争責任・戦後責任の告白』や『心に刻む』という本を発行したり、一斉講義を行うなど一連の企画を実行した。これらに併せて行われた理事会の決定には、次の決議も含まれていた。『本学院の内外向け文書の日付けは、原則として西暦で行うことを確認したい。今後どのような事情が生じようとも、建学の精神を純粋に貫くため、そして過ぐる戦争への反省に立って、本学院は日の丸の掲揚、君が代の斉唱を行うことをしない』。事情は早くも生じつつある。かつて、それらが学徒たちにも強制された時、創造の秩序は破壊され、国家が偶像化され、私どもの国は他国の領土・民族を踏みにじった。この歴史は重い」とありました。

「事情は早くも生じつつある」とありました。その事情とは何でしょうか。新しい日米の防衛協力のための指針、いわゆるガイドライン関連法案がいま開かれている国会でとりあげられているなかで、広島県の県立の校長が自殺したことを機に、政府は日の丸、君が代を法制化しようとしています。

私たちの憲法がないがしろにされようとしているこの時にあって、この前院長は「建学の精神を守る思い再び」と訴えています。これを私は、元号を用いないで西暦を使い、日の丸も君が代もない私たちの学校への連帯の挨拶、エールと受けとめました。

さて、キリスト教は復活のイエスとの出会いの宗教だということができます。

きょうの聖書では、イエスを失い、悲しみと失意の中で心を閉ざし、すべてを信じられなくなって、エルサレムを逃れてエマオにむかう二人の弟子たちに、復活のイエス自らが近づいてきて二人に語りかけたという出来事について記されています。そして、その結果二八節にあるように失意のうちにあった二人の弟子の心が燃え、すぐにエルサレムにもどり、残りの弟子とその仲間に、復活のイエスに出会ったことを告げたのでした。

今の私たちは、直接イエスと出会うことはありません。しかし、聖書の言葉を通し、イエスの教えに接し、イエスの生き方、イエスの人となりにふれることができます。

私たちが悩みの中にある時、また、悲しみの中にある時、希望を失い、失意の中にある時、聖書の言葉は私たちをなぐさめ励ましてくれるにちがいありません。

そして、聖書を読み続けているうちにやがて、イエスという存在は、はじめに歌った讃美歌五一二番にあるように、イエスは「悩める時のわがなぐさめ、さびしき日のわが友」となっていくのだと思います。イエスはまさに私にとって、「悩める時のわがなぐさめ、さびしき日のわが友」なのです。

（一九九九・四・一六）

生命の糧

〈ヨハネ六・一―一四、讃美歌四九四〉

きょうの聖書の箇所は「五千人の給食」とよばれる有名なイエスの奇蹟のお話です。四つの福音書全部に記されています。子供がさしだした大麦のパン五つと二匹の魚を五千人の人が分けて食べ、皆が満足した上になお、残ったパンが十二かごもあったという、信じがたいお話です。

群衆の中に巡礼者も多くいて、それらの人たちが携えていた食べ物を分かち与えたのだろうとか、納得のいく説明も可能なのでしょうが、ここはイエスの行った奇蹟の一つとしてとどめておいて、このお話に隠されている真理を学び取るのが賢明なのだと思います。

最近テレビか何かで聞いた話なのですが、母親から生まれてきた赤ちゃんが、そのお母さんのおっぱいを受けつけない。母親の母乳を拒否するというのです。なんでも、その母親は上の子二人が女の子。女、女とつづいたので今度こそ男の子、という願いが強かったのだそうです。しかし、生まれてきた子供はまた女の子ということで、母親は家族に申しわけないという思いがあったのだそうです。

最近このような例がよくあるというのです。生まれる前に赤ちゃんが胎内で死ぬということもあるそうです。母親の出産を心から喜べない気持ちが、そのまま子供に伝わって、赤ちゃんが拒食症ならぬ、拒乳症になるというのです。拒乳症という言葉はあるのかどうか、私の造語ですが、そういう母親は医師の特別な指導を受けて、まず赤ちゃんを毎日、しっかり抱いてやることから始めて、徐々に赤ちゃんの信頼を得る努力をつづけていかねばならないのだそうです。

「人はパンだけで生きるものではない」（マタイ四・四）。いくら食べ物がそばにあっても、飽食の時代と言われても、真にこの食べ物が、食べ物として人の口に入り、血となり肉となり、命となるためには精神的な安定、精神的な満足がなければならない、精神的な安定と満足がなければ命の糧とはならない、精神と肉体とは切り離せないということだと思います。

ある宗教家は、キリスト教が世界の宗教として二千年も受け継がれてきたのは、「日曜日と食事を神聖に守って来たお陰だと思う」と語っています。食事、食卓というものを神聖なものとして、神に祈りつつ守りつづけてきたからであるというのです（塚本虎二著『友よこれにて勝て』伊藤節書房、一九五四年）。今日の聖書のなかでイエスは、五つのパンと二匹の魚を取り、感謝の祈りをもってパンをさき、肉をちぎって人々に与えています。

教会では礼拝の中で聖餐式という式典を行います。小さく切られたパンと小さな杯のぶどう酒を十字架上で裂かれたイエスの肉体、流された血を思い、会員一同で食するのですが、そこでの満足感、充足感は肉体的なものか、精神的なものか区別はつかないものだと思います。きょうの聖書の五千人の給食の奇蹟に記された満足感もそのようなものであったのではないかと思わされます。

マタイ福音書の四章四節に「人はパンだけで生きるものではなく、神の口から出る一つ一つの言《ことば》で生きるものである」とあります。神の口から出た一つ一つの言葉を集めたのが聖書ですから、人は聖書によって真に生かされるということになります。

しかし、聖書それ自体は物体です。聖書の言葉が私たちの体の中で生きて働く命の言葉になるためには、神から降される聖霊の力を待たなければならないのです。

祈りというのは、その聖霊が働くように祈るのです。ですから祈りというものなしにはいかに優れた聖書の言葉も、先ほどのおっぱいやパン同様、人を真に生かす言葉にはならないのです。聖書は祈りつつ読むことによって人を生かす神の言葉となり得るのです。

これと同様に、私たちが日ごろいただく食事も、祈りによって、聖霊の働きをいただいて、はじめて命の糧となることを今日の聖書から学びたいと思います。

（一九九一・五・九）

瞬《まばた》きの詩人

〈ヨハネ九・一―五、讃美歌四六四〉

皆さんは水野源三という人の名前を聞いたことがありますか。「瞬《まばた》きの詩人・水野源三」さんと言えば思いだす人もいるかと思います。

実は、今週の土曜日、十七日の朝の礼拝に、この水野源三さんの詩に曲をつけて「瞬きの詩人コンサート」という活動を続けている二人の方をお招きして、賛美と証《あかし》の礼拝が行われます。そこで今朝は、その二人の紹介と水野源三さんの詩のいくつかを紹介したいと思います。

作曲され、歌の伴奏をされる阪井和夫さんという方は、大阪八尾市の方で、玉造アドベントキリスト教会という教会の会員です。二歳の時、緑内障になり七回の手術の甲斐もなく、小学生時代に失明されました。中学生になってピアノと出会い、以来バンドやコーラスなど音楽活動を続けるかたわら、鍼灸治療院で生計をたてている方です。

十年前に水野源三さんの詩に出会い、深く共感を覚えて、以来彼の詩に曲をつけ九二年、九四年、九六年にカセットテープとCDをリリースしています。

また、水野源三さんの障害をドラマ化したビデオ「瞬きの詩人」の音楽担当と制作にかかわるとともに、「瞬きの詩人コンサート」を続けて現在に至っています。大阪女学院や山形の独立学園などでもコンサートを開いています。

歌います方は浜田盟子さんといい、阪井さんと同じ教会の方で家庭の主婦ですが、ソリストとして水野源三さんの詩を二十数曲カセットとCDに吹き込んでいます。阪井さんと共に「瞬きの詩人コンサート」の活動を続けています。

次に水野源三さんについてお話しします。一九三七年長野県の阪城町というところに生まれ、一九八四年四十七歳で亡くなられました。

小学四年生の時に、阪城町に集団赤痢が発生し、それが原因で脳性麻痺となり、首から下はまったく自由を失い、聞くことと、見ること意外しゃべることも書くこともできない体となり、その後の人生を六畳一間《ろくじょうひとま》で送られた方です。十二歳の時に巡回してきた牧師さんが置いていった一冊の聖書がきっかけとなり、キリスト教と出会い、十三歳の時に洗礼を受けました。

ある時、療養所のお医者さんが診察した際「いいか、私がしゃべったことが分かったら目をふさげ」と言われました。源三さんはすぐ目をつぶったそうです。

それをそばで見ていたお母さんは、この目くばせを手がかりに、源三さんの意思を探りだす方法を開発し、ついに五十音図を活用して自分の意思を言葉で表現する道まで切り開くことに成功しました。そして、この方法によって水野源三さんは、四冊の詩集を世にだされました。Ⅰ『わが恵み汝に足れり』、Ⅱ『主にまかせよ汝が身を』、Ⅲ『今あるは神の恵み』、Ⅳ『み国をめざして』――図書館にも入っていますので、ご覧ください。ではいくつかの水野源三さんの詩を読んでみます（『水野源三詩集』アシュラムセンター、一九八一―八四年、『わが恵み汝に足れり』「水野源三詩集」アシュラム社）。

秋
リンゴ実る秋に体が不自由になり　コスモスの花が咲くころに　初めてイエス様の話を聞き　聖書を読み　コオロギがなく夜に　救いの喜びに　ねむれずにいた

有難う
物が言えない私は　有難うのかわりにほほえむ　朝から何回もほほえむ
苦しいときも　悲しいときも　心から　ほほえむ

私がいる
ナザレのイエスを　十字架にかけよと
要求した人　許可した人　執行した人の中に　私がいる

（一九九八・一〇・一三）

マリヤよ

〈ヨハネ二〇・一―一八〉

新約聖書には、マリヤという名の女性が六人ほど登場します。その中でもイエスの母マリヤ、マルタとラザロの兄姉のベタニヤのマリヤ、そしてきょうのマグダラのマリヤの三人が私たちには馴染みのある人物だろうと思います。

マグダラはガリラヤ湖畔の小さな村の名前ですから、そこで育ったマリヤということでしょう。ルカによる福音書によれば、このマリヤは七つの悪霊をイエスによって追い出してもらったとされています。七つの悪霊とは具体的にどんなものなのか不明なのですが、肉体的にも精神的にもかなり蝕《むしば》まれていて、すさんだ生活を強いられていた女性だったということです。そのような落ち込んだ状況にある時にイエスによって癒やされ、救われ、光を見いだしたのですからイエスに対する尊敬の念や、イエスを慕う気持ち、イエスへの愛においてはだれにも負けない強いものがあったと思われます。そのあらわれは福音書の随所に見いだされます。

イエスが十字架にかけられた日も、はじめは遠くから見守っていましたが、イエスの苦しみが増すにしたがって、耐えきれずに十字架の下までやって来て、イエスが息を引きとると、悲しみのあまりそこを動こうとせず、墓に葬られた時も、一人夜になっても墓に向かって座り、亡き骸から離れることができなかったのでした。そして日曜の朝、というより陽がまだ昇らないうちから待ちきれずに、イエスの墓を訪れたのでした。このような一途な、ひたすらなイエスに対する思い、愛をもっていたマリヤに、イエスがほかのだれよりも早く、復活して自らを現されたということ、これも単なる偶然とは言えないように思います。よくキリスト教は出会いの宗教であるといわれます。私たちはいつどこでイエスと出会うのでしょうか。

物語としても、このマグダラのマリヤとイエスとの出会いの場面は美しいと思います。一四節にあるように、悲しみにかすんだ目には、そばにいてもイエスとわからなかったのでしょうか。それが一六節、イエスはマリヤに「マリヤよ」と言われた。マリヤはふり返って、「ラボニ（先生）」と答えた。「マリヤよ」という一言でマリヤはすべてを了解したのでした。「マリヤよ」、「ラボニ」という二言の中に、出会いのすべてがあったのです。イエスへの一途なひたすらな愛があるとき、すべてを信ずることができ、悟ることができたのでした。

愛があれば信ずることができ、理解し合えるということは大切な教訓だと思います。あまりにも私たちは、自分が理解できるものしか信じようとしないからです。愛の不在ということでしょうか。きょうの聖書の箇所、マグダラのマリヤと復活のイエスとの出会いの話の中から、心からイエスを愛する者にイエスは自らを現し、信ずる心を与えるということ、愛があれば信ずることができ、理解できるということを教えられるのです。

（一九七九・四・一六）

原始教会最初の罪

〈使徒五・一―一一〉

きょうの聖書の箇所は、初代教会のメンバーだったアナニヤとサッピラという夫婦が共謀して土地の売上金をごまかして売上金の多くを自分たちのふところに入れ、一部を全部の売り上げであるかのようにして、教会のために献金したという出来事と、それに対する厳しい神のさばきがあったという事実を記しています。

初代教会の人たちは、昨日の四章三二節にあるように「信じた者の群れは、心を一つにし思いを一つにして、だれひとりその持ち物を自分のものだと主張する者がなく、いっさいの物を共有にしていた」。そして三四、三五節に「彼らの中に乏しい者は、ひとりもいなかった。地所や家屋を持っている人たちは、それを売り、売った物の代金をもってきて、使徒たちの足もとに置いた。そしてそれぞれの必要に応じて、だれにでも分け与えられた」とありました。実に和気あいあいとした理想的な共同生活を営んでいました。

しかし、そこに集う人の数が増えるにつれて、一章一五節では百二十名の兄弟たちとあり、二章四一節では三千人ほどになり、四章四節では男の数が五千人ほどになったとありますが、人数が多くなり、集団が大きくなってくると教会とはいえ、この世と同様、悪いことを考える者も出はじめ、ねたみやいさかいも生じてきました。

この次の章、六章の冒頭には、弟子たちの数が増えてくるにつれてギリシャ語を使うユダヤ人とヘブライ語を使うユダヤ人との間で、日々の配給のことで対立が生じてきたことが記されています。

原始キリスト教会と言われた時代から、二千年たった今、しかも唯一の神を知らないわが国であってみれば、その不正と悪は、全く日常化しています。一体人類はいつまでこのような不正や悪やいさかいを続けるのでしょうか。昨年の出来事を風刺した川柳にこのようなものがありました。「ねがいましては五億マイナス二十万」、「くれた人おれどももらった人おらず」（朝日新聞「朝日川柳」一九九二・一〇・一と一一・一七）。言うまでもなく、東京佐川急便事件のことです。アナニヤとサッピラは生命を断たれましたが、わが国の当事者たちは、政治生命すら断たれないのです。

アナニヤとサッピラの犯した罪について考えてみたいと思います。四節に「売らずに残しておけば、あなたのものであり、売ってしまっても、あなたの自由になったはずではないか、どうして、こんなことをする気になったのか。あなたは人を欺いたのではなくて、神を欺いたのだ」とあります。自分の土地を売って、その一部を全部と偽って献金したというのですから、この夫婦の行為は、人を欺いた罪というよりは、神を欺いた罪です。したがって、神からの厳しいさばきがあったのです。

人を欺いても罪とならないわが国であってみれば、神を欺く罪などというものは、日常茶飯のことなのでしょうが、聖書の世界では、この世の常識、特にわが国の常識とは全く反対で、人を欺く罪以上に神を欺く罪が問われるのです。というより、神を欺かないことが人をも欺かないことになる、ということがイエスの教えだと思います。

マタイによる福音書五章一七節に「わたしが律法や預言者を廃するためにきた、と思ってはならない。廃するためではなく、成就するためにきたのである」とある通りです。神を欺かないとは、神を愛するということです。神を愛する愛があれば、この世の律法を守れるし、律法を乗り越えることが出来るというのがイエスの主張で、イエスは自らそれを全うしたのです。

アナニヤとサッピラに欠けていたものは、神への愛ということです。一部を全部と偽って献金したという偽りの善、偽りの愛ということです。

偽りの善は、偽善です。偽という字は人偏に為すと書きます。人が為すことは偽りということを見抜いていたのでしょうか、昔の人は偉いものです。私たちのなす善は、多かれ少なかれ偽りの善、偽善的なのです。

ある哲学者は、「絶えず他の人を相手に意識している偽善者が阿諛《あゆ》的でないことは稀である」。阿諛的というのは、人に阿《おもね》ること、おべっかを使うことです。「偽善者とそうでない者との区別は、阿諛的であるかどうかにあるということができるであろう」と述べています（三木清著

『人生論ノート』新潮文庫、前著「主はあなたを見守る方」二一九頁)。

マタイによる福音書の六章の一節に「自分の義を、見られるために人の前で行わないように、注意しなさい」と、人に見られるために、人におもねるために行う偽善をいさめています。アナニヤとサッピラの罪はこの偽善の罪であり、人の目だけを気にして、神の目を忘れたのです。

私たちも偽善の罪から逃れるために、誰が見ていなくても、神は見ていることを心にとめて生活することが大切です。このことは、人は誰も見てくれていなくても、神は見てくれているという神への信仰の基本でもあろうと思います。その神に祈りつつ歩むことが、神の目を忘れないためにも必要なのだと思います。

(一九九三・一)

(東京佐川急便から五億円の政治献金を受け取っていた金丸信首相は政治資金収支報告書記載漏れで略式起訴、罰金二十万円、世論の猛反発により一九九二年九月、議員辞職、翌年三月、脱税で逮捕)

群　衆

〈使徒六・一―一五、讃美歌三三二〉

人の心の中には、他の人を憎んだり、他の人に敵意をいだいたりする、うとましい暗い部分があります。この憎しみとか敵意が人と人との間、集団と集団の間にはたらくとき、対立が生じます。

聖書を読んでいましても、そこにも多くのさまざまな対立や抗争があることに気がつきます。きょうの使徒行伝六章には、二つの対立が記されています。

一つは、はじめに出てきました、イエスを慕って、イエスを信奉して集まって来た人たち、初代教会の人たちの群れの中に現れ始めた対立です。ヘブライ語を使うユダヤ人とギリシャ語を使うユダヤ人と記されていますが、ユダヤ教からキリスト教に移った人たちと、ユダヤ以外の国からエルサレムに集まってきてキリスト教徒になった人たちとの対立です。これはキリスト教内の対立で、この対立はその後の初代教会における深刻な問題の一つとなっていきます。

もう一つの対立は、キリスト教徒とユダヤ教徒との対立です。熱心で有能な初代教会を代表する人物、ステパノと、彼を石打ちというリンチで殺害した「群衆」との対立はこの対立です。

ステパノは、ユダヤ教徒が大切にしている神殿を汚し、モーセの律法をないがしろにしたとして捕らえられ、七章五七、五八節にあるように、「人々は大声で叫びながら、耳をおおい、ステパノを目がけて、いっせいに殺到し、彼を市外に引き出して、石で打っ」て殺してしまいます。かくてステパノは、キリスト教最初の殉教者となりました。

あるお医者さんが深夜、けたたましい電話のベルの音で起こされました。病院に急患がかつぎこまれたので、すぐ来てほしいという連絡でした。そこでその医者は十マイル以上離れた街の病院まで自分でくるまを運転して行ったのですが、途中まで来たところで突然見知らぬ男に行く手をふさがれて、強引にくるまから降ろされてしまいました。くるまを奪われた医者はしかたなく、歩いて病院に向かい、たどり着くとすぐ、急な患者の手当てをしたのですが、その時にはもはや手遅れということでした。

そこに、病院から連絡を受けて駆けつけていたもうひとりの男がいました。患者の父親です。父親は頭を上げてその医者の顔を見たとたん、声をださんばかりに驚きました。なんとその医者こそ、さっき自分が奪ったくるまを運転していた人だったからです。息子のことを聞いてあわてとんでくる途中、自分のくるまが故障したので、医者とはしらずそのくるまを奪って駆けつけたということです（元仙台教会牧師、吉岡繁先生の説教でお聞きした話）。

自分の大切なもの、命を救ってくれるはずの人、本当にかけがえのない人を、自分の無知と愚かさのゆえに、自らの手で拒否し、放棄してしまったという話です。

救い主であるイエスを十字架につけたということは、この父親のようなものだということにもなろうと思います。

イエスを十字架につけよと叫び、今またステパノを石で打ち殺した群衆。自分の都合ばかりを考え、自分の都合のよい話だけに耳をかし、多数の人がすることだからよいのだと自らを正当化し、先ほどの父親のように本当に頼るべき、信ずべき正しい者を拒否し、敵にまわし、迫害し、抹殺し、その結果もっとも大切なもの、命を無駄にし、本当の人生を見失い、自らを自らの手で駄目にしてしまって気づかないでいる群衆。イエスを十字架につけよと叫び、今またステバノをリンチした群衆とは一体だれのことなのでしょうか。

そのような中で、「主よ、どうぞ、この罪を彼らに負わせないで下さい」（使徒七・六〇）と叫んで死んでいったという、ステパノの真実に生きる勇気に圧倒されます。

（一九八五・五・三一）

厳しい聖書の教え

〈使徒二四・二四―二七〉

きょうの聖書の箇所は、ローマ総督フェリクスがユダヤ人の妻ドルシラと一緒に来て、留置されている使徒パウロを呼び出し、キリスト・イエスへの信仰について話を聞いた場面です。総督フェリクスは、普通ではない方法で、暗い過去のあるその妻と結婚したということもあって、夫婦の間には、さまざまな問題があったようです。そのような二人に対してパウロは、慰めや優しい言葉を語るのではなく、正義や節制や来るべき審判などの厳しい話をしたのでした。総督フェリクスはパウロの話を聞き、恐ろしくなり、話を打ち切ったとあります。

キリスト教は優しさだけではないのです。悔い改めない者にとっては、大変厳しい、恐ろしいものでもあるのです。ガラテヤの信徒への手紙六章七、八節には、「思い違いをしてはいけません。神は、人から侮られることはありません。人は、自分の蒔いたものを、また刈り取ることになるのです。自分の肉に蒔く者は、肉から滅びを刈り取り、霊に蒔く者は、霊から永遠の命を刈り取ります」とあります。

今は収穫の秋です。その秋に、人は、自分の蒔いたものを、また刈り取ることになる、何とも厳しい、恐ろしい教えの宗教なのです。

「あれ以来つづく世界の不眠症」、新聞にでていた川柳です（朝日新聞「朝日せんりゅう」二〇〇一・九・二二）。今回の九・一一アメリカ同時多発テロ事件のテロリスト組織の蒔いた種、それに呼応してアメリカが蒔いた種、それらはいずれも肉に蒔いたものであり、滅びを刈り取ることになるのです。

ニューヨーク国連本部ビルの前庭の壁には、イザヤ書二章四節が刻まれています。「彼らは剣《つるぎ》を打ち直して鋤《すき》とし　槍《やり》を打ち直して鎌《かま》とする。国は国に向かって剣を上げず　もはや戦うことを学ばない」。聖書は厳しく戦争を否定しています。

また、マタイによる福音書二六章五二節では「剣をさやに納めなさい。剣を取る者は皆、剣で滅びる」と武力を禁じています。

そして、ローマ人への手紙一二章一九節では「愛する人たち、自分で復讐せず、神の怒りに任せなさい。『復讐はわたしのすること、わたしが報復する』と主は言われる」と書いてあり、二〇、二一節「あなたの敵が飢えていたら食べさせ、渇いていたら飲ませよ。そうすれば、燃える炭火を彼の頭に積むことになる。悪に負けることなく、善をもって悪に勝ちなさい」と、復讐、報復を禁じ、肉にではなく、霊に蒔くことを命じています。

このように、聖書は、今回の同時多発テロに対する対応策に示唆を与えています。

そして、キリスト教の厳しい教えに、我が国の憲法の思想はかなっているのです。国際紛争の解決の手段として武力は行使しないことを厳しく九条に明記しています。
特にキリスト教会、キリスト教主義学校は聖書の教えを厳しく受けとめるとともに、憲法九条を厳しく順守させる努力をしなければなりません。そして、日本国憲法を守って行動することが、我が国ができる真の国際貢献なのです。

（二〇〇一・一〇・一三）

民族の固有性

〈ローマ三・一―八〉

新年から朝の礼拝ではローマの信徒への手紙を学び始めました。ローマの信徒への手紙は難解で、きょうのところもただ読んだだけではさっぱり分かりません。

使徒パウロは二章までのところで、異邦人、異教徒の偶像礼拝とユダヤ人の偽善の罪を鋭い口調で指摘しました。これまでのパウロの論調によると、神の民であるユダヤ人と神を知らない異邦人との間には全く違いがないような印象を受けます。ユダヤ人が神の民であるしるしとして割礼を受けていることは全く無意味であるように思われます。

ユダヤ人と異邦人の間に何の違いもなく、ユダヤ民族が他民族と神の前に同等の立場にあるならば、なぜ、ユダヤ民族が存在するのか、ユダヤ民族の存在理由はなんなのかと、パウロはパウロ自身の論調への反論を自ら想定して、ユダヤ人の優れたところは一体なんなのか、割礼にどんな益があるのかと自ら問い、自ら答えています。

パウロはユダヤ民族の特権と長所は、神の言葉を委ねられていることだと主張します。ユダヤ人は神に選ばれた民であること、それは神の言葉が与えられ、律法が与えられて、イエスの来臨への備えをするために特別に選ばれているということです。

それなのにユダヤ人たちは、自分たちが神の民として選ばれたのは、自分たちが優秀だからだと優越感を抱き、また、選ばれたことに特権意識をもって行動していることをパウロは非難し、ユダヤ人が神の民として選ばれたのは、一方的な神の意志、恵みによるものであり、選ばれた民にふさわしい行動をする責任があると主張しています。

パウロは神の前に、ユダヤ人も異邦人も等しく罪人であり、キリストの福音はユダヤ人と異邦人のために、すなわち、すべての人類のためにあることを述べています。

一五章の一一節に「すべての異邦人よ、主をたたえよ。すべての民は主を賛美せよ」とあり、三章二九、三〇節には「それとも、神はユダヤ人だけの神でしょうか。異邦人の神でもないのですか。そうです。異邦人の神でもあります。実に、神は唯一だからです。この神は、割礼のある者を信仰のゆえに義とし、割礼のない者をも信仰によって義としてくださるのです」とあります。

私たち一人ひとりを信仰により義とされる唯一の神は、私たち一人ひとりにその個人に応じた賜物と使命を預けたように、ユダヤ民族に民族固有の賜物と使命を預け、そのように、それぞれの民族や国々には、それぞれ固有の賜物と使命が授けられているものと思います。

そして、その民族、国々に預けられた賜物、使命、すなわち、その民族、国々の固有性、存在理由は互いにその優劣を競うようなものではないのです。かつて我が国は天皇を中心とした神の国で他の民族より優れた民族であるとして、他民族をさげすみ、他民族支配を正当化し戦争へむかいました。また、ナチスドイツは自分たちアーリア人は優秀で、ユダヤ人は撲滅すべき民族として大量虐殺しました。民族の固有性は互いにその優劣を競うようなものではなく、互いに他の民族の固有性を認め合い、尊重し合うものでなければなりません。

今年、二〇〇二年の一月一日から、ヨーロッパ連合EU十五か国中の十二か国で単一通貨、ユーロの現金流通が始まり、言葉や文化、歴史の異なる三億人の人たちが同じ通貨を使うことになりました。フランスのフラン、ドイツのマルク、イタリアのリラなどが消えていくことに一抹の淋しさを感じる人も多いと思います。統一通貨の使用がそれぞれの国の文化にどのような影響を与えるのでしょうか。しかし、それぞれの国々のもつ固有性は変わらず受け継がれていくものと思います。

神は一人ひとりに違ったよい賜物を預けたように、一つひとつの民族や国々にも違ったよい賜物を預けたとすれば、我が国に預けられている賜物、我が国の固有性、我が国の存在理由は何でしょうか。私は、我が国の固有性は、敗戦から立ち上がるためにつくられた平和憲法を有していることであり、この憲法を守り、世界平和に貢献することが私たちの使命だと考えています。

（二〇〇二・一・二二）

隣人愛

〈ローマ一三・八―一〇〉

高校二年生が「校外研修旅行」という修学旅行に出かけようとしています。

五十になろうとする私など、戦後の何もなかった時代を通ってきた者には、この修学旅行という言葉に一種の哀愁というか、もの哀しさを感じます。「母さんが夜なべをして　手袋編んでくれた」という歌のように、暗いうちから起きて準備してくれた母の姿や、一日につき一合のお米を持参したことや、貧しくて参加できなかった中学時代の記憶などがよみがえってくるのです。壺井栄原作（木下恵介監督）の映画「二十四の瞳」の中に出て来る修学旅行の場面は、映画のバックに流れる「アンニ・ローリー」の旋律と共に三十数年たった今も悲しくよみがえってきます。高峰秀子の演じる大石先生が、修学旅行中、四国の金毘羅さまの近くの食堂で、家が貧しく大阪に奉公に出されたと聞いていた教え子と偶然、再会する場面です。この映画はしみじみとした反戦映画なのです（「戦後日本の反戦映画最大の作品」、佐藤忠夫著『日本映画30 0』朝日新聞社）。

戦後わが国は五十年代の朝鮮戦争、六十年代のベトナム戦争、七十年代の「エコノミックアニマル」と揶揄《やゆ》された「経済戦争」により、歴史的に経験したことのないほどの物質的な豊かさの中で生活するようになりました。そのような豊かさの中で今、修学旅行に出かけようとしています。すべてのことの上に歴史があります。時代の変遷とその中で労苦してきた人々の犠牲の上にいまの豊かな修学旅行があることを思わねばならないと思います。また、私たちが豊かになればなるほど、それに反比例して貧しくなっていく人々の生じることを思わねばなりません。その人々の犠牲の上に、私たちの物質的な豊かさがあるということです。

犬養道子さんの『人間の大地』（中央公論社、一九八三年）のはじめの方にこうあります。

「……世界人口の、ほぼ四分の三が生きている『南』は、いま、どこを取っても、切れ切れにされている。切れ切れになっていると私は書かぬ。『されている』のだ。そこで、つまり『南』で、一時間に　千五百人のわりで　五歳以下の子供が餓死しつつある。……その『南』ではおととしも去年もいまも、毎日二千人のわりで難民が出ている。その『南』には、いま現在、飢餓最悪状態の人間が五億人（一九八一年六月統計による）いる。難民は千万人台を動かないるみこみは、少なくも今日、ない。……」（傍点は犬養氏）

また、一時期テレビのコマーシャルで、「今地球上のどこかで、二秒間に一人、飢えのため死んでいます」というのがありました。今この礼拝の間に五百人ということです。一時間に千八百人、一日に四万三千二百人、一日四万人というのが国連の統計です。

限りのある地球上の資源であってみれば、一方が豊かになればなるほど、他方では貧しくなっていくのは必然です。

聖書では、「汝、むさぼるなかれ」と戒《いまし》めています（十戒の第十戒）。「貪《むさぼ》る」「貪欲《どんよく》」は、「欲深く物をほしがる、際限なくほしがる」「自己の欲するものに執着して飽くことを知らないこと。非常に欲のふかいこと」と辞書にはあります。「貪《どん》」という字は「貝」が、財産・財宝・お金を表す漢字ですから、それに蓋《ふた》をするという意味の漢字だそうです。財産・財宝・お金を独り占めにするということです。一方が貪《むさぼ》れば他方は貧《まず》しくなります。「貧しい」とは、「金銭・物資などが乏しい。貧乏であること」と『広辞苑』にはあります。「貧《ひん》」という漢字は「貝」すなわち、財産・財宝・お金を「分ける」という意味だそうで、貧しくなれば分ける、分け合うしかないのです。隣人愛です。

戦争や争いは「貪り」「貪欲」と「貧しさ」「貧困」によって生じます。わが国の戦争も経済封鎖がきっかけでした。貪り・貪欲の罪によって戦争や争いが起き、その結果、貧困状態が生じます。一方が貪れば、他方は貧しくなる、「むさぼりとまずしさ」「貪欲と貧困」は表裏一体のように思われます。その「貪りの罪」による戦争や紛争によって、今も「貧しさ」「貧困」が生じていますし、先ほどのような「南北問題」が生じています。文字通り富の分かち合いが必要なのです。

今日の聖書箇所ローマ人への手紙一三章九節にあるように「『姦淫するな、殺すな、盗むな、むさぼるな』など、そのほかに、どんな戒めがあっても、結局『自分を愛するようにあなたの隣り人を愛せよ』という言葉に帰する」というのが、今日のお話の結論です。

（一九八八・一一）

（ユニセフなどによれば二〇一八年、飢餓人口・八億二千万、九人に一人、一分間に十七人死亡・三、五秒に一人、子どもは五秒に一人、難民数・七千九百五十万、世界の約一％、年間一千百万人）

冒険者たち

〈コリント一、九・一五―二七〉

世界でもっとも高い山は、八、八四八メートルのエベレストです。

このエベレストの初登頂に成功したのはイギリス隊で、一九五三年のことです。それまでに二十回を超える登頂が試みられたのですがことごとく失敗し、エベレストは魔の山として恐れられ、それだけに登山家の征服への夢は大きかったようです。中でも一九二一年から一九二四年の間に三回の遠征に加わり、第三次遠征隊の二回目の頂上アタックの際、第六キャンプを出て、山頂付近で霧の中に消えて行ったイギリスの登山家、ジョージ・レイ・マロリーは、「そこに山があるから」というセリフとともに忘れられない人となりました。この「そこに山があるから」Because it is there という言葉の it・山はエベレスト、しかも、二回目、三回目ではない前人未踏の処女峰エベレストだけを意味するのだそうです（『冒険論』本田勝一、すずさわ書店、一九七五年、前著「義人と罪人」一〇七頁）。

したがって「そこに山があるから」という言葉は、冒険における創造的精神を象徴する言葉として価値があるということです。

コリント人への第一の手紙九章全体を読んで、私はこの登山家の言葉を最初に思い出しました。ここに書かれているパウロの言葉は、冒険者におけると同様、創造的意欲に満ちています。一六節の「わたしが福音を宣べ伝えても、それは誇にはならない。なぜなら、わたしは、そうせずにはおれないからである」とか、二三節の「福音のために、わたしはどんな事でもする。わたしも共に福音にあずかるためである」という福音宣教への意欲は、「そこに山があるから」という言葉と同じように、「そこにキリストを知らない人がいるから」「そうせずにはおれない」という強い精神状態から来るもののように受けとれます。

したがって冒険者が周到な計算と準備をし、訓練を重ねて事を起こすと同様、パウロもまた、二四節以下において自分を厳しく鍛えることを記しています。すなわち、「すべて競技をする者は、何ごとにも節制をする」（九・二五）とか、「自分のからだを打ちたたいて服従させるのである」（九・二七）とあります。

いま夫婦で世界の縦まわりのヨット航海に出ている堀江青年や、犬ぞり旅行の植村氏、このような冒険者は、なぜそれまでしてそのようなことをするのですか、という質問に対して、「そこに山があるから」、パウロのように「そうせずにおれないから」と答えるのでしょう。

そしてパウロもまた、それら冒険者と同様、その行為に対して決して代価や報酬を期待していないことがきょうの聖書にも書かれています。一八節、「それでは、その報酬はなんであるか。福音を宣《の》べ伝えるのにそれを無代価で提供し、わたしが宣教者として持つ権利を利用しないことである」

このような冒険的精神、すなわち、創造的精神をもって多くの伝道者は、「そこに人がいるから」「キリストを必要としている人がいるから」伝道に出て行くのでしょう。

フィリピン・ルソン島北部の山岳州（マウンテン州）の少数民族へのキリスト教伝道の基となる母語・バーリッグ語聖書翻訳奉仕のために、再び現地に出かけようと準備している人がいます。皆さんの先輩で、かつて私たちの同僚であった虎川清子先生（元宮城学院中高英語科教師、日本ウィクリフ聖書翻訳協会会員）です。――そのうちこの講壇からお話ししていただけると思いますが――若い身空《みそら》で、電気もガスもない山岳地で、現地人には現地人のようになって、母語聖書翻訳をつづける、その地での活動は冒険とさえ言えると思います。

私たちはこのような冒険者、伝道者たちに接し、まったく圧倒されるだけですが、ひるがえって自分の信仰とか、教会の人たちの様子などを考えたとき、それら偉大な冒険者や伝道者ほどではなくとも、キリスト教信仰ということの中にすこぶる創造的精神が存在していることを思い勇気づけられます。自分の弱さや欠点、けがれ、罪といったものの中にだけとどまって、ジメジメしている自分だけではなく、キリストによって生かされるという信仰のもとに、生き生きと生活している多くの人たちが私たちの周囲にはいるということです。

私たちも、そのような積極的な創造的な生きかたができるように学んでいきたいと思います。

（一九八九・五）

与うるは幸いなり

〈コリント一、九・一九―二三〉

「あなた、夜、女、泪《なみだ》、そして愛」とくれば演歌の世界です。そこでは様々な男と女の愛について歌われています。今ほど愛について語られ、書かれ、歌われている時代はないのではないでしょうか。それほどに本当の愛のない時代であり、本当の愛のない社会なのかも知れません。裏返して言えば、人々が本当の愛を求めている時代、本当の愛に飢えている社会とも言えるのだと思います。

子供の幸せを願わない親はいません。ある出産を目の前にして、夫を亡くした気の毒な女性がいました。生まれた子供の名づけ親になってくれた不思議な老人がその女性に、この坊やにとって一番良いと思う願いごとを一つもちなさい、必ずかなえてあげますからと約束しました。

わが子にとって一番良いと思う願いごと、皆さんなら自分の子に何を願うでしょう。子供が金持ちになってほしい。美しくなってほしい。うんと強くなってほしい。それとも賢く、利口になってほしい。この母親は考えました。そしてついに願ったことは「みんながこの子を愛さずにはいられないようになってほしい」ということでした。

みんなに愛されてほしいという母親の願いがかなって、この子はまったく美しく、申し分なく育って、行く先々でかわいがられ、愛され、いつもたくさんの女性に囲まれるようになります。たくさんの贈り物や貢ぎ物、上流社会のお付き合いと、その青年はありとあらゆる贅沢と愛欲の生活に身を持ち崩し、いつしか求めもせず、望みもせず、受ける資格もない愛に囲まれていることに飽きあきし、嫌気がさし、決して与えることをしない、ただ受けるばかりの生活に虚しさを覚え、空虚な日々を送るようになり、とうとう毒を飲んで命を断とうと決心します。

まさに毒杯をあおごうとしたその時、名づけ親であり、母親と約束したあの不思議な老人が現れ、その青年に、明るく美しかった子供の頃のことを思い出し、そのころ何が彼を幸福にしていたかを考えるようすすめ、母親の願いがその青年に害になったことを話し、青年にここでもう一度願いをもつようにと、そしてそれをかなえてやることを約束してこう言います。「君はたぶん、金や宝はほしがらないだろう。権力や女の愛も、もううんざりだろう。君の堕落した生活を再びより美しく、より良くし、君を再び楽しくするような不思議な力があると思ったらそれを願いたまえ」とすすめます。

青年は長い間思いめぐらし、やがて泣きながらその老人にぬかずき「ぼくが人々を愛することのできるようにしてください」と叫びました。

ヘルマン・ヘッセの作品『アウグスツス』(『メルヒェン』高橋健二訳、新潮文庫、一九七三年)に出てくるお話です。愛されるだけの人間から愛することのできる人間に変わった主人公は、それまでまったく気がつかなかった日常のごくふつうの人々の中に人間のやさしさ、素晴らしさを見出し、感動し、身を粉にして人々に手を貸し、親切にし、やがて年老いて、あの不思議な老人の膝に抱かれて静かに息を引きとっていったという話です。

「受くるより与うるは幸いなり」「受けるよりは与える方が、さいわいである」（使徒二〇・三五）と聖書は教えています。私たちはあまりにも人々から愛されることだけを願ってはいないでしょうか。

きょうの聖書の箇所のパウロの生き方にはまったく圧倒させられますが、ここでの教えは、イエスの言う、「あなたも行って同じようにしなさい」（ルカ一〇・三七）ということと同じでありましょう。

パウロはきょうの聖書（コリント一、九・二三）で、「福音のために、わたしはどんな事でもする。わたしも共に福音にあずかるためである」と述べています。

隣り人になることによって自分も福音にあずかる、神の愛を受けることができるのだということです。私たちも人に愛されることを祈るよりも、愛することのできる人になれるように祈りたいものです。

（一九八九・一〇・二七）

アスリートにならって

〈コリント一、九・二四―二七、讃美歌二六六〉

「五輪記事四位以下には手抜きをし」。バルセロナオリンピックの開催中、ある新聞に載っていた川柳です（朝日新聞「朝日せんりゅう」一九九二・八・九）。オリンピックを報道する側のメダル至上主義、勝利至上主義に対する批判であり風刺です。

直接オリンピックを批判、風刺したものではありませんが、オリンピック自体がメダル至上主義、勝利至上主義に陥っていることは今や否定の余地はないように思います。

ドーピング事件やメダリストに与えられる多額の金品など、勝つため、勝たせるための黒い影がつきまといます。もはや「健全な精神と健全な肉体」の持ち主が集う祭典ではなくなっている、というより元々「健全な精神と健全な肉体」とは無関係なのかも知れません。オリンピックもまた、私たちが住まう社会同様、清濁相半ばする競争社会であって、その中で勝つことを最大の目標に競い合う選手たちの姿に、自分の姿を投影して、自分のことのように感情的に受け止めるのだと思います。

オリンピック競技の一つにシンクロナイズド・スイミングという長い名前の競技、私は「水舞（スイブ）」とでも名づけたらいいのではと常日ごろ思っているのですが、その競技のデュエット決勝に二転三転のすえ出場が決定していたかつての女王、小谷実可子選手は、その日の朝、突然出場を降ろされました。銅メダル獲得のための出場変更ということで、彼女は戦わずして帰国しました。

勝利至上主義は高校野球にも見られます。地元選手のいない「外人部隊」が県代表のチームもありました。また、こんな川柳もありました。「仏でも五度もされたら腹が立つ」（朝日新聞「朝日せんりゅう」一九九二・八・二三）、松井選手の五連続四球です。しかし、観戦する者にとって、これらの手段による勝利に感動はあったでしょうか。感動は勝利によってのみ得られるものではありません。一人一人のプレーの中に、その人の人となりを見出し、感動するのです。

このような勝利至上主義の競技において、実にさりげなくさわやかに世界を感動させてくれた選手がいました。一番苦しいはずの四十キロ付近で、しかも猛烈な競り合いの中でのことでした。自ら取ったドリンクを足にかけ、その空き缶をわざわざ走路をはずして左側により、ちょっと膝を曲げて道路の端に、そっと置くように捨てて行った選手、実に美しい人間を見ました。涙が出ました。マラソンの有森裕子選手です。「たかがスポーツ、されどスポーツ」

長い前置きになりましたが、今日の聖書の箇所は私たちの生活、私たちの人生を競技者にたとえて述べています。

コリント人への第一の手紙九章二四、二五節「競技場で走る者は、みな走りはするが、賞を得る者はひとりだけである。あなたがたも、賞を得るように走りなさい」、「しかし、すべて競技をする者は、何ごとにも節制をする。彼らは朽ちる冠を得るためにそうするが、わたしたちは朽ちない冠を得るためにそうするのである」

宮田光男先生の最近の著書『キリスト教と笑い』（岩波新書、一九九二年）の中に、「最後から一つ手前の真剣さ」という言葉がでてきます。勝利を目指し賞を目指して真剣に節制努力して走っている時にも、野を渡る風と明るい陽の光を体全体に感じるゆとりを忘れないで、有森裕子選手のように、「頭は冷やし、心を燃やして」真剣に生きていきたいと思います。

（一九九二・八・三〇）

（国際水泳連盟は二〇一七年七月、シンクロナイズド・スイミングをアーティスティックスイミングと名称変更、二〇一八年四月から実施）

異教の地で

〈コリント一、一六・一―九〉

キリスト教はユダヤ教を母体として生まれ、ユダヤ社会から異邦人の国へと広がり、今では世界の宗教となっています。その初期において、使徒パウロの働きが大変大きかったことについては、折に触れ学んできているところです。

今日の聖書の最後のところに、「有力な働きの門がわたしのために大きく開かれているし、また敵対する者も多いからである」（一六・八―九）と記されています。

「有力な働きの門」、パウロにとっての働きとは、キリストの福音を宣《の》べ伝えること、福音伝道ということですが、その際、多くの敵対する者が存在したということです。

使徒行伝（新共同訳では「使徒言行録」）には、伝道に際しての多くの困難や迫害について記されていますが、パウロの時代ばかりでなく、いつの世にもキリスト教徒にとっては多くの困難や迫害があります。日本という国もまた、キリスト教にとっては異教の地であり、多くの困難と迫害がありました。

今私たちは本当に自由に、憲法に基づき、礼拝という宗教活動を行っていますが、この信教の自由が脅かされることのないように、信教の自由を失うことのないように、絶えず眼を覚まし、見守る努力をしなければなりません。私たちの社会も政治も、決して信教の自由を守ることに熱心ではないからです。

一つの例として、日ごろ「粗大ゴミ」だとか、「丈夫で留守がいい」などと邪魔者扱いされている父親たちに、子供の授業をみてもらおうと、父の日の日曜日に学校があり、子供も親も登校するという父親参観日。いつかキリスト教教育週間で、この壇上に立たれた澤正彦牧師(日本基督教団小岩教会牧師)は、日曜日の登校は、信教の自由を脅かすものとして、訴訟を起こされました(キリスト教徒日曜参観事件、一九八六年三月二十日、地裁判決敗訴)。このような類の多くの問題が、キリスト教ではない社会には生じてきます。

「靖国神社問題」といわれるものもそうです。キリスト教徒たちは、憲法が定める政教分離の立場から、天皇や閣僚が公の資格で参拝する「靖国神社公式参拝」に反対しています。そのことに関連した「岩手靖国訴訟」というのがあります。五年間争われ、この三月五日に盛岡地裁で判決があったのですが、訴えているキリスト教関係者にとってはまったく納得のいかない判決でしたので、更に上告することになり、この七月から仙台高裁で争われることになりました。七月十三日に第一回の口頭弁論が行われます。

わが国において、キリスト教を信じるということは、多くの慣習とのたたかい、偶像崇拝とのたたかい、天皇制とのたたかいがあります。

「有力な働きの門がわたしのために大きく開かれているし、また敵対する者も多いからである」とのパウロの言葉は、今も尚、真実なのです。

（一九八七・六・一九）

（一九八七年三月の第一審・盛岡地裁は県の行為を合憲、一九九一年一月十日仙台高裁は違憲。最高裁は県の上告を却下し、この裁判は高裁判決で確定、原告勝訴）

自分の中のものさし

〈ガラテヤ二・一―一〇〉

阪神大震災からちょうど一年たちました。未だに避難所生活の人が八百人とか、一瞬のうちに両親を失った子供たちが百十三人、仮設住宅内で亡くなられた独り暮らしの人、四十九人、自殺者が三十二人もいるなどと聞きますと心が痛みます。昨年はこの災害からはじまって、あいつぐオウム事件で明け暮れ、暗い激動の一年でした。新しい年を迎えて、何か明るい話題はないかとさがしても、なかなか見あたりそうにありません。識者が言うように、戦後の日本社会が迎えた新しい閉塞状況なのかもしれません。閉塞とは「閉ざされ、ふさがれること」という意味ですから、閉じふさがれて、そこから抜けだせない状況ということです。

災害と不況、複雑な犯罪や事件、そして多くの社会矛盾があるにもかかわらず、これを打開する確固とした展望がどこにも存在しないという状況が、人々の心に閉塞感を生み、生き生きとした生への意欲を阻喪させている。元気をなくさせているのです。人間は本来、何か新しいこと、日常生活を超えたすばらしいことに向かおうとする本性があるのにそれができない。

ある人は「『超越』の喪失」と表現していました。超越の喪失感が閉塞感ということかもしれません（読売新聞「時代の視覚」文芸評論家・竹田青嗣、一九九六・一・六）。

そのような出口を見出しえない、飛びだしえない閉塞状況のなかで、国や他人のではない「自分の中のものさし」を持つことの重要性を指摘している人がいました。一月五日の読売新聞の「時代の視角」という論説欄でこう述べています。「去年、日本の社会で見られたさまざまな動きの中で、最も未来につながりそうなのは、阪神大震災の後のボランティア活動だった。協力とか善意とか人間性とか、そういう面も無視できないが、大事なのはボランティア活動が個人ではじまって個人に終わるものだという点である。自分の中にものさしを持たない指示待ち型の人間には、手も足も出ない仕事なのだ。動く意志、ものの考え方、知識、体験、人間観そういうものが現場での判断に総合的に効いてくる。しっかり者で心の優しい個人主義者たちが増えることが、たぶん日本を成熟に導くだろう」と、閉塞状況からの超越への示唆を与えていました。「自分の中のものさし」を持つとは、動く意志、自分のものの考え方、自分の知識、自分の体験、自分の人間観を持つことだと言っています（作家・池澤夏樹）。

文字どおり、閉塞状況を打ち破るべく、時速三九、〇〇〇キロ、秒速一〇・八キロで地球を超越したのが若田光一さん乗るところのスペース・シャトル・エンデバーでした（朝日新聞、一九九六・一・一二）。若田さんは、昨年三月打ち上げた日本の無人宇宙実験室（ＳＦＵ）を回収したり、米国の回収実験室（オーストフライヤ）を十六メートルのロボットアームを使って宇宙に放り投げ、そしてまた回収しました。この技術は九七年からはじまる国際宇宙基地の建設に役立つのだそうです。未来社会では、汚れた満員の地球を脱出して、宇宙空間で生活するとでもいうのでしょうか。

自分の中のものさしに、自分の宇宙観や宗教観も加える必要があるかもしれません。

きょうの聖書は、地上でまことに劇的にイエスと出会い、キリスト教の迫害者から一転して、キリスト教の伝道者になったパウロのお話です。

ガラテヤの異邦人教会の中にユダヤ教の教師がやってきて、異邦人がキリスト者になるには、モーセの律法を守らなければならないと言って、ユダヤ教の儀式の「割礼」を奨励し、異邦人教会員の中に割礼の流行が生じた。パウロはこのことを聞いて、彼らがどんなに愚かであるかを知らせようと激しい口調で書いたのがガラテヤの信徒への手紙です。そして、きょうの箇所ではパウロがユダヤ人教会であるエルサレム教会を訪問したときに、パウロの考えや伝道の仕方がエルサレム教会のおもだった人たち、すなわち、ヤコブ、ペテロ、ヨハネに完全に認められたばかりでなく、それらの人々と固い握手を交わし、互いにそれぞれの役目を確認し、励ましあったというキリスト教の伝道にとって劇的な場面をしたためた手紙の件《くだり》です。

パウロの主張は「すべての人は律法の行いではなく、信仰によって義とされる」（ガラテヤ二・一六の要約）ということです。このことばによってルターは宗教改革を行い、世界を動かしました。閉塞状態から抜け出る一つのものさしになりえることばであろうと思います。

（一九九六・一・一七）

心は戦場

〈エフェソ六・一〇―一七、讃美歌四五一、三八四〉

一昨日は大相撲秋場所の千秋楽でした。学校は今日が期末テストの千秋楽、そして前期の千秋楽です。相撲はまさに力と力の闘いですが、私たちの人生もまた、ある意味では日々闘いだと思います。敵と味方に分かれて人と人とが戦うのは戦争ですが、「人生もまた、日々闘いである」と言ったときの闘いとは、血で血を洗う戦争をさすのではなく、自分の心の中の、内面の闘いであり葛藤です。したがって、闘う相手は他人ではなく白分自身です。言ってみれば、私たちは日々、自分を相手に一人相撲という内面の闘いを、死という人生の千秋楽を迎えるまで続けなければならない、それが私たちの人生といえると思います。

お相撲さんどうしの全力の力と力が真剣に闘い合うほどすばらしい勝負になるように、私たちの内面の闘いもまた、全力で真剣であればあるほど、その人生は輝いたすばらしいものになるのだと思います。

文豪ドストエフスキーは、その作品『カラマーゾフの兄弟』の中で、「神と悪魔が闘っている。そして、その戦場こそは人間の心なのだ」（米川正夫訳、新潮社では「言はゞ悪魔と神の戦ひだ、そして其戦場が人間の心なのだ」）と述べています。私たちの心の中の闘いとは、神と悪魔の闘い、私たちの心の中にすまう善なるものと悪なるものの闘いです。悪魔は巧妙に魅惑的に私たちに誘いかけます。ちょうど創世記の三章の、アダムとエバの前に、禁断の木の実は、「それは食べるによく、目には美しく、賢くなるには好ましく」（三・六）見えたように、悪魔は巧妙に魅惑的に私たちを誘ってきます。箴言九章一七節に「盗んだ水は甘く、ひそかに食べるパンはうまい」とあるように、意志の弱い知恵のない私たちに誘いかけるのです。まさに、「快楽は罪である。そして時として罪は快楽である」（イギリスの詩人バイロンの言葉）なのです。

罪を罪と知りつつ罪に陥っていく人間のおろかさ、人間の弱さ。サン・テクジュペリの『星の王子さま』（内藤濯訳、岩波書店一九六二年）に出てくる「呑み助」おじさんは、酒を飲む自分が恥ずかしいので、その恥ずかしさを忘れるために、酒を飲んでいると王子さまに答えています（前著一五三頁、「信仰と行い」）。アルコールやクスリにおぼれていく姿は、心という戦場で悪魔の攻撃に敗れた敗者の姿なのです。私たちはどうしたら悪魔との闘いに勝利することができるのでしょうか。

きょうの聖書エペソ人への手紙六章一一節「悪魔の策略に対抗して立ちうるために、神の武具で身を固めなさい」。一四節から一六節、「立って真理の帯を腰にしめ、正義の胸当を胸につけ、平和の福音の備えを足にはき、その上に、信仰のたてを手に取りなさい。それをもって、悪しき者の放つ火の矢を消すことができるであろう」と記されています。

おろかな弱い私たちを罪に陥らないように守ってくれる方、イエス・キリストにより頼むこと。聖書のみ言葉をもって心の中にすまう悪なるものと闘っていくことです。日々聖書を読みながら、そのような悪魔と闘うための御《み》言葉を自分の心の中にたくわえていきたいものだと思います。

（一九九三・九・二六）

パウロの勧め

〈ピリピ四・八—九、讃美歌四五二〉

「どうせ、あれは、すっぱいブドウさ！」　みずみずしい、うまそうなブドウの棚の下を通りかかったキツネが、いくらがんばってもブドウに手がとどかないので、「どうせ、あれは、すっぱいブドウさ！」と言って立ち去ったというお話。ご存知『イソップ物語』に出てくる有名なお話です（『イソップ寓話集』「すっぱい葡萄」岩波文庫、など）。

負け惜しみか、いいわけか、私たちも、一旦立てた目標や計画が自分の力不足や努力の足りなさで実行できなかったとき、それを自分の責任にせずに、ほかの理由をさがしてそのせいにしてあきらめるということがよくあるように思います。私なども、それをくり返して大人になってきたように思います。新たな願いや思いをもってスタートしたはずの新学期から三か月あまり、どうせ「このブドウはすっぱい」と言ってあきらめてしまったことはないでしょうか。

夏休みが始まる前から、アルバイトだとかクラブの練習など、勉強が計画通り実行できなかったときの理由を今からさがしている人はいないでしょうか。ことほどさように、自分の思いや願いを実行し実現させせることはむずかしいことであり、簡単にはあきらめない辛抱強さと強い信念が必要とされます。きょうの聖書の中でパウロは、人生において真に価値のあるものとして、「すべて真実なこと、すべて尊ぶべきこと、すべて正しいこと、すべて純真なこと、すべて愛すべきこと、すべてほまれあること、また徳といわれるもの、称賛に値するもの」（ピリピ四・八）の七つをあげ、それらを心にとどめるように、考慮に入れるように勧めています。

これらはパウロがもっとも大切にしてきたものであり、彼はイエスを信じるようになった回心者たちに、信仰の実践の根拠としてこれらのことを常に心にとどめ、自分の信仰への思いや願いを行動として現すように勧めています。したがってこの聖書の箇所からは信仰と行いとの関係について考えることが有意義だと思います。信仰がよい行いとなってあらわれるためには、パウロのような強い意志と強い精神、何よりも深い信仰がなければなりません。

「すべて良い木は良い実を結び、悪い木は悪い実を結ぶ。良い木が悪い実をならせることはないし、悪い木が良い実をならせることはできない。……このように、あなたがたはその実によって彼らを見わけるのである」とマタイ福音書七章一七節以下にあります。よい木とはよい人格と深い信仰の持ち主、よい実とはよい行いと見ることができます。信仰と行いは切り離せない、信仰に基づかない行いは偽善であり、虚偽だということです。

私たちもよい実を結ぶものとなれるように、実行できない理由を他に転嫁してあきらめるのではなく、パウロの価値観を自分のものとして、辛抱強くそれぞれの目標に向かって努力していきたいと思います。

（一九九一・七・一七）

第一戒

〈ヘブル八・一―一三、讃美歌三〇一〉

四月二十一日のことですからまだおぼえている人も多いと思いますが、我が国の総理大臣である大平正芳氏が春の例大祭でにぎわう靖国神社を訪れ、参拝したという出来事がありました（朝日新聞・夕刊、一九七九・四・二二）。総理大臣が靖国神社を参拝したというのは何も大平首相だけではなくて、吉田茂首相以来、石橋湛山氏を除いて、歴代の首相が皆、行ってきているようです。しかし、その度に政治と宗教を分けて考える、いわゆる政教分離の憲法の原則に反することとして問題にされてきました。しかも今度の場合は、大平氏個人がクリスチャンであるという点で、これまでにも増して非難の声が大きかったようです。

ご存じの通りキリスト教では、キリストの父なる神以外の神を神として礼拝することを固く禁じています。十戒《じっかい》の第一戒を先ず思いだすでしょう。「汝、わが顔の前にわれのほか何ものをも神とすべからず」とあります。聖書では他の神様を拝んだり、偶像を礼拝することを固く禁じていて、そのようなことをすることは霊的な姦淫を行うことだと教えています。男女が結婚する際、互いに裏切らないことを誓い合います。これと同じように神を裏切らないことを誓ってクリスチャンになるわけです。したがって、他の神を礼拝するということは裏切り行為であって、男女の姦淫にならって、霊的姦淫とよぶのです。

大平首相はなぜそのようなことをしたのか、なぜ憲法違反とされる靖国神社公式参拝を強行したのかという質問に対して、「慣習、習わしに従ったまでだ」と答えています。

私たちの社会は、キリスト教ではない宗教、特に仏教や神道の習慣やしきたりが強く生活に影響を与えている社会です。正月の元朝参りからはじまって、大安だの仏滅だのといいながら毎日を送っている社会です。その中で、キリスト教を信じ生活するということは並大抵のことではないはずです。時として、信じているはずのキリスト教を見失うように思えることがあります。この学校もキリスト教主義の学校ですが、他の宗教の慣習に影響されていると思わされるようなことがないとは言えません。

なぜこのような話をしたかといいますと、いま私たちが続けて読んでいるヘブル人への手紙、この手紙が書かれた背景と現在の私たちの状況とに類似している面があるように思ったからなのです。

ヘブル人への手紙はイエスの十字架上の死後三十年か四十年後に、ユダヤ人のキリスト教徒に宛て書かれたとされています。その人たちもはじめは熱心なユダヤ教徒であって、まわりはほとんどユダヤ教徒の中で、イエスの弟子たちと会い、キリスト教徒になった人たちです。

現在のイスラエルという国の国教はユダヤ教で、八九％の人がユダヤ教徒、イスラム教徒が八％、キリスト教徒は二％だそうですから、イエスの死後三、四十年たっていた頃であってみれば、キリスト教徒といってもユダヤ教の影響が強く、またユダヤ教にもどってしまいそうな情況の人たちがいたことは理解できます。

そこでこの手紙の著者は、きょうの聖書の箇所で、イエスが神と人とをとりつなぐ仲立ちとして、どんな旧約やユダヤ教の祭司よりもすぐれているということを強く主張するとともに、旧約だけでは不完全で、したがって旧約だけを経典としているユダヤ教よりも、イエスを通して神と交わることができるという新しい契約をもっているキリスト教が優れていることを、ユダヤ人キリスト教徒に対し主張しているのです。

そして、昔からの古いしきたりや慣習に左右され、失いがちになる唯一の神への信仰が、イエスという人を通して、イエスを仲立ちとして受け入れるときにしっかりとした不動なものとなるということを教えています。

はじめに歌いました讃美歌の三〇一番は大変旧約的なにおいのする讃美歌です。この歌なども荒涼とした魔の山には、私たちを救ってくれる神様などいるはずもないから、助けは天なる神から来るのだということなのでしょうが、山には山の神がいる、山紫に水清い我が国の風土からは、なかなか唯一の神ということはピンとこず、雰囲気的に歌われていることが多いように思います。そのような中でも、イエスという人をしっかり見るときに、本当にキリストの神というものが理解できるということをきょうの聖書は教えています。（一九七九・五・二二）

時間を超えて、永遠の今

〈ペトロ二、三・八、詩編九〇〉

今、住専問題が大きな政治問題、社会問題になっています。国民の税金で補塡しようとしている六千八百五十億円という金額は、一日百万円使うことを毎日つづけていっても、全部使いきるには千八百七十七年かかるという気の遠くなるような金額です。一つのジョークを思いだしました。

ある人が天国で神様の前に立ち、直接神様とお話しする夢を見ました。「神様、あなたにとって百万年とは、そもそもどれほどの長さですか」と尋ねますと、「わずか一分間だよ」と神様は答えました。では、あなたにとって百万円とはどれほどですか」、「ああ、ただの一円ほどのことだよ」。その人が言いました。「ああ、愛する神様、それならどうか私にその一円をください」、「ああ、いいとも。ほんの一分間待っていなさい」。日本の政治家も神様になってしまったようです（宮田光雄『キリスト教と笑い』〔岩波新書〕のお金の単位を円にして表現）。

きょうの聖句、「愛する人たち、このことだけは忘れないでほしい。主のもとでは、一日は千年のようで、千年は一日のようです」（ペトロ二、三・八）。この聖句は詩編九〇編にもとづくもので、神の永遠性と人間のはかなさをうたったものです。永遠に存在する神の目から見れば、人の一生はほんのいっときということです。

イギリスの聖歌作者アイザック・ウォッツはこの詩編をもとに、先ほど歌いました讃美歌八八番をつくりました。

「わが主のまえには　いくちとせも／みじかきひと夜のゆめにひとし／あさ日に消えゆく　つゆのごとく／ひとみなうせさり　あとだになし」

九〇編の一〇節に「人生の年月は七十年程のものです。健やかな人が八十年を数えても　得るところは苦労と災いにすぎません。瞬く間に時は過ぎ　わたしたちは飛び去ります」とあるように、私たちは時間的制限の中で存在し、時間というものに全く拘束されています。

萩原朔太郎の散文に『時計を見る狂人』というのがあります。

「ある瘋癲《ふうてん》病院の部屋の中で、終日椅子の上に坐り、為すこともなく、毎日時計の針を凝視して居る男が居た。おそらく世界中で、最も退屈な、「時」を持て余して居る人間が此処に居る、と私は思った。ところが反対であり、院長は次のように話してくれた。この不幸な人は、人生を不断の活動と考えて居るのです。それで一瞬の生も無駄にせず、貴重な時間を浪費すまいと考え、ああして毎日、時計をみつめて居るのです。何かはなしかけてご覧なさい。屹度《きっと》腹立たしげに呶鳴るでせう。『黙れ！　いま貴重な一秒時が過ぎ去って行く。Time is life! Time is life!』と」

この「狂人」こそが朔太郎であり、現代の私たちです。朔太郎はこの文を自ら解説してこう言っています。「詩人たちは、絶えず何事かの仕事をしなければならないといふ、心の衝動に駆り立てられている。……しかもその心の中では、不断に時計の秒針を眺めながら、できない仕事への焦心を続けてゐる」（『日本詩人全集14』「萩原朔太郎」新潮社）

私たちは生きている限りこの時間の就縛から解放されないのです。

きょうは久しぶりに、そして最後の、高校三年生と一緒の礼拝ですが、光陰矢の如し、歳月人を待たず、時は流れてめでたく卒業です。

時間は過去から未来にむかって一方方向に不可逆的に流れていきます。時間の流れの速さというものは物理的にありえないのですが、私たちの経験では、幼い頃の時間はゆっくり流れ、大人になってからの時間は速く流れるように思います。また、つらい、いやな時間はおそく、楽しい愉快な時間はまたたく間に過ぎていきます。

時間の流れの速さはこのように心理的な、主観的なもので物理的なものではありません。三年を短く感じた人は楽しく充実した時間を送った人なのでしょう。

ペテロ第二の手紙三章一節から一五節までは、イエス・キリストの再臨について述べた箇所です。イエスが十字架にかかり、三日目によみがえり、昇天して、そしてまた、はじめに述べた神の時間でいつの日か、再び地上に来られるというイエスの再臨について述べています。

聖書は、人はどの世にあっても、イエス・キリストの再臨を待ち望んで生活するように勧めています。この再臨の時こそ、人間が時間の就縛から解放される喜びに満ちた、永遠の命への希望にあふれるときであると聖書は教えています。

そして、「永遠の今」とか「今は恵みの時、今日は救いの日」（二コリント六・二）といった表現のなかに、イエス・キリストを信じる信仰によって、日々の生活において時間の就縛から自由になることができることを教えています。

神は永遠であり、人間は限られた存在です。しかし、神を信じることにより、また、神の愛によって、時を超えた永遠の生を生きることができると教えているのが聖書です。

（一九九六・二・二八）

第二章　朝日新聞「声」への投稿文

（二〇一二年四月～二〇二〇年二月）

エネルギー地産地消で脱原発

二〇一二・四・一二

大阪府・市統合本部エネルギー戦略会議は十日、関電大飯原発三・四号機の再稼働を認める際の八条件を提示した。初め、再稼働を認める提案かと思ったが、条件をよく読んでみて納得した。これは逆説的な再稼働反対・脱原発への提案であると。特に六つ目の「使用済み核燃料の最終処理体制の確立」は、はなはだ実現困難な条件だからである。

原発に伴う「核のゴミ」処理問題は、使用済み核燃料のみならず、将来の「廃炉」自体の処理問題も含め、全世界の叡知を集め取り組まなければ解決できない人類の「負の遺産」処理問題なのである。核物質の半減期を考えると「最終処理」は人類には不可能であるとさえいえる。

政府は今回の大事故を反省し、その責任としてこの提案を受け入れ、再稼働を諦め、脱原発を早く決断し、廃炉に向けて取り組むと同時に、発電と送電を分離し、自然エネルギーへの全面的転換を図ることを要望したい。我が国は資源大国ではないが自然エネルギー大国なのだ。その土地、その土地に特有なエネルギー源がある。風力、太陽光、地熱に加え、黒潮は無限の力であり、海流発電に、林業振興に伴う箇抜材は、火力発電などに。これらのエネルギー源は地域産業を産み、雇用拡大、地域振興、経済発展に繋がるものとして期待できる。これにより、地方創生、地方分権が促進される。

脱原発などで大同団結急げ

二〇一二・一一・二八（水）掲載・前著二四六頁

護憲勢力は新・政党連合で臨め

二〇一三・四・二二（月）掲載・前著二四七頁

憲法記念日の「金官デモ」で

二〇一三・五・六

昨秋ある同窓会で、「毎週金曜日は首相官邸前でボイストレーニングを続けています」と近況報告をしたところ、「先生は今も合唱されているのですか」と質問され思わず苦笑したのだったが、憲法記念日の金曜日、私は初めてマイクを持ち、こう声を発した。

「私は昨年六月からこの集会に参加しておりますが、私たちがこのように自由に、反原発、脱原発を叫ぶことが出来ますのは、表現の自由を保障している憲法二一条のお陰です。自民党草案の憲法では、公益と公の秩序に反するとしてこのような集会は禁じられ、参加者は処罰されることもあるのです。安倍首相はそのような改憲をもくろんで、九六条改定を公約に、参院選に臨もうとしています。皆さん、夏の参院選は大切です。原発は原爆と表裏一体であり、健康で文化的な最低限度の生活を保障する憲法二五条の生活権を脅かす、非人道的、非倫理的装置です。

地球上からこれらの装置を一掃する日まで、私たちそして私たちの子孫は原発反対、原爆反対を叫び続ける自由と権利があるのです。憲法一二条に『この自由及び権利は、不断の努力によって保持しなければならない』とあります。民主主義は不断の、絶えざる努力によって保持されるのです。このような私たちの不断の行動こそが民主主義そのものであることを思い、自信と誇りを持って叫び続けて行きましょう」

(「金官デモ」二〇一二年三月から毎週金曜日、一八時半〜首相官邸前で行われている原発再稼働に反対する抗議集会)

二〇一三・八・七

閣僚は参拝自粛を

作家妹尾河童は自伝的小説『少年H』(講談社文庫)で、蔦田二雄牧師はじめ旧ホーリネス系三教会の教職九十六名が治安維持法違反で逮捕されたことについて言及している。旧憲法二八条「日本臣民は安寧秩序を妨げず臣民たるの義務に背かざる限りに於て信教の自由を有す」

の「安寧秩序、臣民としての義務」違反として弾圧を受けたのである。「神社は宗教に非ず」として、国家神道を強要し戦争へと邁進して行った過去の歴史の反省に立ち、政治が宗教に介入しないように現憲法は「政教分離」を謳っている。

戦後単立の宗教法人となった靖国神社もこの憲法下にあり、「国及びその機関は、宗教教育その他いかなる宗教的活動もしてはならない」（二〇条）と政治の介入を禁られている。そして国会議員、公務員等に憲法の尊重、擁護義務を課している（九九条）。

したがって、公人としての閣僚の靖国参拝は、諸外国からの批判の前に、国内的に憲法違反の批判を受けるべきなのだ。自民党改憲案は、「ただし、社会的儀礼又は習俗的行為の範囲を超えないものについては、この限りではない」となっている。これでは「歴史を忘れた民族に未来はない」と隣国に批判されるのも理解できる。

前述の宗教弾圧は一九四二年六月二十六日早朝、その年の秋、蔦田牧師の日本橋聖教会の長老であった私の父は召集を受け、一九四五年七月に戦死。父と遺族の人権（二〇条・信教の自由）は無視され二百数十万柱とともに祀られている。

（「歴史を忘れた民族に未来はない」サッカー東アジア・カップ男子日韓戦、七月二十八日、ソウルの蚕室五輪スタジアムでこの横断幕が一時掲げられた）

被爆者代表の「平和への誓い」

二〇一三・八・一三

八月九日、長崎原爆犠牲者慰霊平和式典で被爆者代表の築城昭平氏（八十六歳）は、四十四か国からの六千三百人と安倍首相を前に、核兵器のみならず原発廃止を「平和への誓い」の中で訴えた。この画期的な発言を本紙及び他のメディアが取り上げなかったことに、私は大変驚くと同時に、劣化した報道姿勢に憤りを覚えた。被爆者にとっては原爆によってであれ、原発事故によってであれ、放射線被爆に区別はなく、原爆も原発も人類の平和を害する非人道的装置故、廃止して欲しいと訴えているのである。

原爆等核兵器の使用は理性と抑制によって回避できても、原発事故は人為的ミスだけでなく、地震、津波、竜巻、落雷、航空機の落下、テロや他国からの攻撃などで発生し、必ずしも人間の理性と抑制では回避できない。事故発生の確率は原爆が使用される確率より高いだろう。原発はいわば眠っている原爆であり、平和の観点からは核廃絶の対象とすべき装置である。「核と人類は共存できない」とする被爆者代表の訴えは、原爆と原発を分けて考えることへの批判でもあり問題提起でもある。この世界に発信された画期的な訴えを各メディアがなぜ取り上げないのであろうか。十日の本紙朝刊には長崎市長の「平和宣言」と「首相の挨拶」の全文は掲載されたが被爆者代表の「平和への誓い」は完全に無視された。その理由を知りたい。

二〇一三・八・二七

「廃炉庁」設置を望む

一向に収束の目途が立たない福島第一原発事故は、放射線汚染水（地下の高濃度汚染水九万トンとタンクの処理水三十五万トンからの漏洩）の大量海洋流出という国際問題化必至の事態に至っている。事実を直視しようとしない前政権からの体質が他国の批判にさらされるのは当然である。二十二日の本紙社説の通り、「汚染水対策が東京電力任せにされ、その場しのぎの不十分な対策が繰り返された結果」であることは明らかである。

遅れ馳せながら、反原発の学者により当初から提案のあった、十万トン級マンモスタンカーに移し、廃液処理能力の高い東電柏崎刈羽発電所で汚染水処理を実行すると同時に、原子炉の底のコンクリート層をも包む鉄製の遮水壁により地下水流入と汚染水漏洩を止めるという抜本的対策工事に国を挙げて着手すべきである。

発送電分離、自然エネルギーへの転換、電力の自由化によって、すべての原発は廃炉に向かうことを先取りして、「廃炉庁」を設置し、一貫した終結に向けての事故処理、汚染水・除染・使用済み核燃料の処理と処分、「核燃料サイクル政策の転換」（二十六日、社説）を図り、すべての原発の廃炉に向けた取り組みを直ちに実施することこそが、原発事故を起こし放射線を拡散させていながら核廃絶を主張する、被爆国としてのわが国の世界に対する責務である。廃炉にはそのための技術開発、研究、教育、産業が必要であり、それらは成長戦略ともなるものである。

歴史認識・憲法認識が問われている

二〇一三・一〇・一八

靖国神社の秋の例大祭に「内閣総理大臣安倍晋三」名義で「真榊《まさかき》」を供え物として神前に捧げたと報じられた（十八日、朝刊）。四月の春の例大祭に続いて二度目のことで、八月十五日には玉串料を奉納している。玉串は神道において神前に捧げられる榊の枝であり、玉串の代わりに納める金銭が玉串料である。したがって玉串料も真榊の奉納も神道形式に従った宗教行為である。たとえ玉串料と真榊の代金を私費で支払ったとしても「内閣総理大臣」と明記した以上、私人としての宗教活動とは言えず、国及びその機関の宗教活動を禁じる憲法二〇条に抵触するものと考えられる。また、公人の憲法を尊重し擁護する義務の九九条にも抵触する行為である。

そもそも政教分離が憲法に導入されたのは、十日の本欄「伊勢神宮参拝 政教分離に疑問」の通り、戦前国家神道が国民に対する思想統制や戦争を推進する役割を果たしたからである。

今回、中国外務省の副報道局長は「日本には、いま一度侵略の歴史を直視することを望む」と述べ、韓国外務省の報道官も「神社に再び供え物をしたことに深い憂慮と遺憾の意を示さざるを得ない」と批判している（十八日、朝刊）。

中韓とわが国との関係を悪化させ、米国のアジアの不安定化懸念を強めるような行為をなぜ憲法に抵触してまでしようとするのか。安倍首相の歴史認識と憲法認識が問われている。

「廃炉庁」と「廃炉工学科」の新設を

二〇一三・一〇・二三

小泉元総理の「今こそ原発をゼロにする方針を政府が出せば、世界に例のない循環型社会へ結束できる」「核ゴミ処分場もないのに原発を進めるのは無責任」発言（二日、朝刊）が反響を呼んでいる。また、ヤツコ米原子力規制委前委員長は「国土の狭い日本では事故が起きれば壊滅的な被害をもたらす。別の発電方法に目を向け、技術開発に専念するのが賢いやり方」と語っていた（九月二十六日、朝刊）。ある五輪評論家は東京開催が決定すると、「スポーツの力が汚染水に勝った」と歓喜し、「スポーツ庁」の創設が今叫ばれている。首相の「状況はコントロールされている」「ブロックされている」発言が嘘であることは連日の漏洩報道、東電技術顧問の発言（九月十四日、朝刊）、本紙世論調査（七日、朝刊）からも明らかである。汚染水をはじめとする原発事故の収束、除染、廃炉、使用済み核燃料の処理、賠償等に国として取り組むために必要なのは「スポーツ庁」ではなく「廃炉庁」である。

いずれすべての原子炉は廃炉になる。優れた廃炉技術と自然エネルギーの開発と研究、それを担うにふさわしい倫理観と使命感を持った人材育成のために「廃炉工学科」の新設が必要である。「原子力関係学科等の学生動向（文部科学省）」によると学部志願者数五百四十一人（二〇一〇年度）、四百六十八人（一二度）、入学者数百三十四人（一〇年度）、九十一人（一二年度）と事故後原子力を学ぶ学生は激減している。この点からもこの工学科の早期新設が望まれる。

（朝日新聞世論調査、首相発言に「そうは思わない」七六％）

二〇一三・一〇・三〇（水）掲載・前著二四八頁

ラッパ飲みよりコップのみで

二〇一三・一二・二六

民主主義が泣いている

「八十年の道のりを振り返って特に印象に残っているのは先の戦争」「平和と民主主義を守るべき大切なものとして日本国憲法を作り」「憲法の条項を順守し、天皇としての活動を律している」「今後とも憲法を順守する立場に立って事に当っていくつもり」。傘寿を迎えられた天皇のこれらの所感を感動を持って読ませていただいた。真に我が国の象徴天皇にふさわしいまた、我が国の現状に必要な貴重な発言であったと思う（二十三日、朝刊）。

ひるがえって天皇同様、憲法九九条によって、「憲法を尊重し擁護する義務」を負っている安倍首相はどうであろうか。国民の民意をまったく無視して原発ゼロを撤回し、パブリックコメントや地方公聴会はじめ各界、各層の反対意見をまったく顧みず、憲法の表現の自由などの基本的人権を侵害する特定秘密法を強行成立させ、積極的平和主義という美名の下に、武器輸出三原則を緩和し、靖国公式参拝で政教分離の憲法を犯し、やがて集団的自衛権、国防軍と、憲法九条を蔑ろにしようとしているのである。

私は衆参両議院の特定秘密法案審議の特別委員会を連日傍聴してきたが、急いで成立させなければならなかった法案は、一票の格差問題を是正する前政権との公約、議員定数法案であったはずである。違憲状態の国会が違憲の法案を数の力で成立させた。そこには憲法を遵守しようとする努力の一片もなく、民主主義は蔑ろにされた。

安全神話の復活だ

二〇一四・二・二六

政府は二十五日、民主党政権下のエネルギー政策目標であった「二〇三〇年代に原発ゼロ」を撤回し、「原発を重要なベースロード電源」と位置づけ、原発の再稼動のみならず、核燃料サイクルのための、使用済み核燃料の再処理、プルサーマルの推進、高速増殖原型炉もんじゅの研究継続を主な内容とした「エネルギー基本計画案」を決定した。

福島第一原発事故後三年を経過しても、一向に事故原因を解明しようとはせず、放射能汚染水は連日漏洩し続け、事故は依然として継続していて、今なお十四万の県民が避難生活を余儀なくされているという悲惨な状況の中にあってである。

参院選での自民党公約は、「原子力規制委員会による安全確認を前提に、地元の理解を得つつ、国が責任を持って再稼動」としているが、世界一厳しい安全基準を標榜する規制委員会は、原子炉本体の安全基準中心であり、事故が起きた時の避難路、避難体制、国会事故調査委員会が指摘する「事故は人災」に対する検討がなされていない。

また「地元」の概念も今回、事故によってそのエリアは拡大し、原発のない沖縄県を除くすべての県が「地元」なのであり、最近の世論調査でも五四％の市民は再稼動に反対し、五十四の自治体の議会が反対声明を提出している。「国が責任を持って」というが、これは「アンダーコントロール」「ブロックされている」発言同様、安全神話の復活である。

二〇一四・三・三〇（日）掲載・前著二四九頁

解釈改憲で米国防衛はできない

二〇一四・六・一七

なぜ急ぐ解釈改憲

政府は十六日、集団的自衛権行使のための閣議決定の原案を与党に示した。国民の生命、自由及び幸福追求の権利が根底から覆されるおそれがある時に必要最低限の集団的自衛権を行使できるというもののようだ。「おそれ」も「必要最低限」も抽象的であり、時の内閣によっていかようにでも「解釈」でき歯止めにはならない。集団的自衛というものが、他国防衛のために自衛隊員が参戦し武力を行使し血を流すものである以上、いくら石破幹事長等が国連憲章五一条で認められた固有の権利であるといっても、その権利の行使は憲法九条に違反する行為に違いはない。またこの権利が、我が国の憲法より優先する権利規定であるかのような発言も間違いである。国連憲章の原則を定めた二条の、七項には「この憲章のいかなる規定も、本質上いずれかの国の国内管轄権内にある事項に干渉する権限を国際連合に与えるものではなく、また、その事項に基づく解決に付託することを加盟国に要求するものでもない」とあるではないか。

政府はなぜ明らかな憲法九条違反の武力行使を「解釈」によって正当化しようと躍起になっているのだろうか。歴史的に見ても「我が国を取り巻く安全保障の環境は厳しくなっている」とは言えない。むしろ冷戦時代の一時期よりも良くなっているし、中国、韓国との関係悪化は安倍政権の外交姿勢にある。もし集団的自衛権行使容認がそれほどまでに必要なら、堂々と九条改定を提案すべきである。

戦争を抑止している憲法9条

二〇一四・八・四（月）掲載・前著二五〇頁

「再エネ」こそ重要電源

二〇一四・一二・二二

総選挙が終わるやいなや原子力規制委員会は高浜原発三・四号基の規制基準合格の意向を示した。政府自民党は、原発を「重要なベースロード電源」とする「エネルギー基本計画」を改めず、電力自由化に向けては原発優遇策を考え、今後の原発再稼働、原発依存を明確にしている。また、再生可能エネルギー固定価格買い入れ制度の中断を機に、再生可能エネルギー導入を抑制的にしようとしている。

しかし、青森県六ケ所村の使用済み核燃料再処理工場完成予定が二十一回目の延長となり、核燃料サイクル事業は事実上破綻しているし、日本学術会議は、「暫定保管に関する計画をあいまいにしたままの原発再稼働は、将来世代に対する無責任を意味する」と警鐘を鳴らしている。原発ゼロから一年三か月が経過した。原発なしでも十分やっていける。太陽光・風力発電の弱点は、揚水発電、蓄電池、水素の製造等の併用により克服できる。

再稼働によりこれ以上の使用済み核燃料を増やさないためにも、地球温暖化対策のためにも再生可能エネルギーへの転換は必死であり世界の趨勢である。政府は原発ゼロを直ちに決断し、再生可能エネルギーを「重要なベースロード電源」とするエネルギー計画を作成し、電力の自由化と発送電分離を急ぎ送電網を完備すべきである。再生可能エネルギーは地方創生のための大きな産業ともなるのだ。

グローバル時代の靖国裁判

二〇一五・一・一

中国、韓国のみならず米国からさえも批判を受けた安倍首相の靖国参拝から一年が過ぎた。この間、大阪と東京の地裁に「安倍首相靖国参拝違憲訴訟」が提起された。東京では一次・二次訴訟を合わせて六百三十五人の原告団となり、その中には二百数十名の中国・韓国人、ドイツ人二十五名、台湾、カナダ、オーストラリア人が加わり国際色豊かなものとなっている。安倍首相等は「靖国参拝は日本人として当然」のことと主張しているが、元旦本紙社説の通り、もはや「ふつう」が「ふつう」ではすまない、グローバル時代なのである。

一九四五年七月韓国済州島沖で戦死したキリスト教徒であった私の父を、本人及び遺族の宗教を無視し一方的に靖国神社が合祀したので、私も原告に加わると同時に、靖国神社に対し父の合祀取り消し要求書を提出した。すると靖国神社は「当神社の合祀は自由になし得る宗教行為であり、またこれにより合祀された遺族等に対する強制や法的不利益が生じるものではない」「貴殿の要求には添いかねます」と回答してきた。合祀する側の信教の自由のみを主張し、合祀された側の信教の自由、宗教的人格権を認めないのは憲法に違反し国際自由権規約一八条にも違反する行為なのである。東京裁判、サンフランシスコ条約を受け入れ国際社会秩序に従って来て戦後七十年のこの年、憲法を世界の中で評価することも必要である。
（国際人権・自由権規約一八条、思想・良心及び宗教の自由）

二〇一五・一・一四

「戦後何年」をいつまでも

戦後七十年の節目の年頭にあたって天皇は、「この機会に、満州事変に始まるこの戦争の歴史を十分に学び、今後の日本のあり方を考えていくことが、今、極めて大切なことだと思っています」と所感を綴られた。また昨年の傘寿にあたっては、「平和と民主主義を、守るべき大切なものとして、日本国憲法を作り、様々な改革を行って、今日の日本を築きました」「今後とも憲法を遵守する立場に立って、事に当たっていくつもりです」と感想を述べられた。

憲法を遵守し自らの活動を律している天皇の、戦争体験者としての、平和と民主主義とその根幹である憲法を大切に思う切なる思いが胸を打つ思慮深い表現である。

自民党憲法草案では元首となる天皇のこれらの表現を、安倍首相等はどう受け止めているのだろうか。自らの歴史認識と憲法認識の危うさへの警鐘とは受け止めないのだろうか、是非感想を聞きたいものだ。

テレビ番組で、女優の吉永小百合氏は、「戦後何年という呼び方をずっと残していきたい」

と語り、歴史小説家の半藤一利氏は、「戦後百年を先ず目標とし、一人も殺さない、殺されない世界記録を持続して行きたい」と語っていた。東京空襲で家を焼かれ、父は済州島沖で戦死し、母子家庭で辛酸を嘗めてきた私は、年賀状等には「戦後何年」と表記することにしたい。

二〇一五・二・一

武力でテロは無くならない

ついに邦人二人が殺害された。今回、安倍首相は二重のミスを犯したと思う。十七日カイロで、「ＩＳ」と戦う周辺諸国に二億ドル程度の支援を約束したことと、「ＩＳ」の邦人二人の殺害警告と二億ドル要求に対し、二十日エルサレムで、この二億ドル支援が避難民への食糧・医療支援であると、イスラエル国旗を背景に緊急会見し釈明したことである。これでは我が国が米国主導の有志連合に参加したと理解されても仕方がなかった。

二十日ラマッラ（パレスチナ自治区）で、イスラエルの軍事攻撃によるガザ復興などのために一億ドルの支援を約束して、我が国が中庸の立場であることを示したことは評価できたのだが後の祭りであった。

この二つの首相会見により我が国は勝敗のつかない、武力によっては解決のないテロ戦争に巻きこまれた。これからは更なる邦人の犠牲が出ても不思議ではない。安倍首相は、すでに八月、十一月に邦人二名が「ＩＳ」に拘束されていたことを認識していたのだから、慎重さを欠いた軽率な訪問外交であったことは明らかだ。安倍首相の「積極的平和主義」は根底において軍事力、すなわち武力による紛争解決を容認していて、憲法九条の思想に反するものである。テロは許されないし、テロに屈しないのは当然である。しかし、テロは武力によっては制圧できない。我が国は軍事力によらない外交努力で対応すべきである。

二〇一五・二・四

戦後七十年、村山談話の継承を

一九八五年五月八日ドイツの敗戦四十周年の日、「過去に目を閉ざす者は、現在に対しても盲目になる」と演説したドイツのワイツゼッカー元大統領が一月三十一日死去した。戦後五十年、一九九五年の来日では「過去を否定する人は過去を繰り返す危険を冒している」とも訴えた。

二〇一五年夏、戦後七十年に当たり安倍首相がどのような談話を発表するのか関心を呼んでいる。安倍首相は戦後五十年の村山談話を全体として引き継ぐと言いつつ、「植民地支配」や「侵略」といった言葉は「こまごまとしたこと」として触れないと衆議院予算委員会で答弁している。またこれまでも「侵略であるかどうかは後世の歴史家が判断するもの」と繰り返し答弁したり、従軍慰安婦問題についての河野談話の検証を言い出すなど、自らは「過去に目を閉ざし」、歴史的事実を認めようとしない。

集団的自衛権行使容認の閣議決定（二〇一四・七・一）、武器輸出見直しなど、軍事力による紛争解決を容認する、憲法九条の思想に反する「積極的平和主義」に基づく行動は、今回「ISILと闘う周辺諸国への二億ドル程度の支援約束」発言となり、「イスラム国」が我が国につけ入る隙を与え、邦人二人の殺害の悲劇を呼んだ。安倍首相は「過去を繰り返す危険」を冒さないためにも、戦後六十年周年で小泉首相も引き継いだ村山談話を継承することを強く要望する。

二〇一五・二・九

電源構成に民意を

二〇三〇年目標の電源構成（エネルギーミックス）について経済産業省作業部会の議論が始まった（八日、本紙社説）。昨年四月閣議決定したエネルギー基本計画を作る際に募集したパブリックコメントでは、脱原発を求める意見が九割を超えていた。また五月には福井地裁が「豊かな国土に国民が根を下ろし生活することが国富」、「多数の人の生存に関わる権利と電気代とを並べて議論出来ない」と述べ、大飯原発三・四号基再稼働の差し止めを命じた。九月末、日本学術会議は、核のごみ処理問題をあいまいにしたままの原発再稼働は「将来世代に対する無責任を意味するので、容認できない」と報告した。集団的自衛権行使容認の三要件「国民の生命・自由・幸福追及の権利が根底から覆される明白な危険が生じる事態」は、まさに福島第一原発事故で起きたのであり、今まだその危険は取り除かれていないし、十二万人が避難生活を強いられている。

ドキュメンタリー映画『祝（ほうり）の島』は、生活の海を守るための島民の二十八年に及ぶ上関原発建設反対をつづける生活の様子を伝えていて心が痛い。本来仲良しだった地元民同士を引き裂き、分裂させる悲しい装置が原発である。是非、今回の検討においては民意を十分に聞き、経済性より生存権・幸福追求権が優先することを念頭に議論していただきたい。

（『祝の島』纐纈あや初監督作品、二〇一〇年六月公開、山口県上関町祝島）

憲法への言及なぜ伝えぬ

二〇一五・二・二八

本紙「新聞ななめ読み、皇太子さまの会見発言・憲法への言及なぜ伝えぬ」（二十七日）に共感を覚えると同時に、この「伝えない」ことへの批判は、朝日新聞だけでなく執筆者、池上彰氏を含む全ジャーナリストに向けて発せられなければならないと思わされた。

これまでも一昨年皇后誕生日の「五日市憲法の基本的人権」、天皇傘寿の「憲法の意義と憲法遵守」、今年新年の「歴史に学ぶ大切さ」、そして今回の皇太子誕生日の「平和と繁栄の基礎としての日本国憲法」発言など、池上氏の指摘通り、憲法を遵守しつつ「憲法は大切と伝えようと、宮内庁と相談しながらのギリギリのコメント」がなされてきたのではないだろうか。その真剣な使命感と思慮深さ、謙虚さに胸が打たれる。それほどまでに「集団的自衛権閣議決定」「積極的平和主義」の現政権は危うい のである。

自民党の憲法草案では元首としている天皇、そして皇后、皇太子のこれらの発言を安倍首相は自らの歴史認識、憲法認識への批判、警告とは受け止められないのだろうか。是非見解を述べてもらいたい。それにしてもメディアはなぜこれらの発言を正面から報じないのだろうか。天皇夫妻はこれらの発言をメディアに伝えてほしいと切望していると思う。メディアが恐れているのは、天皇を政治に巻き込むことではなく、安倍首相の御機嫌を損ねることなのではないのか。

若者が棄権しない選挙制度に

二〇一五・三・七（土）掲載・前著二五一頁

道徳教育より憲法学習を

二〇一五・四・二四

選挙権年齢を「二十歳以上」から「十八歳以上」に引き下げる公選法改正案が今国会で成立した。昨年六月施行の憲法改正に必要な改正国民投票法の投票年齢に揃えるためである。年齢を引き下げて、より多くの若い人の意見を選挙や憲法改正に反映させることには賛成するが、同時に若者の選挙離れについて論じ、その方策を考えなければ十分ではない。昨年末の衆議院選挙の投票率は戦後最低の五二・二二％。この何十年間の総選挙では、六十歳代をピークに年代が下がるごとに投票率は下がり、いずれの選挙でも二十歳代が最低である。

若者の政治離れについて私は、我が国の教育の欠陥を指摘したい。小学生、中学生、高校生にどれだけ政治や社会問題について考えさせ、討論させているだろうか。むしろそれらに触れないように教師たちは配慮しているとさえ思われる。高校生になって米国に留学して帰国した生徒のほとんどが、自分がいかに「日本について、政治、社会、国際問題について、自分の考えや意見を持っていないかを知らされた」と語っている。必要なのは「道徳教育」ではなく、「憲法学習」であり、「近現代史」であり、「政治や社会問題、国際問題について自分の考えを持たせる教育」である。人は政治や社会問題に限らず、自分の考えを持ち、それを表現したり行動したりできるようになるために学ぶのである。

安保関連法の強行採決を見た

二〇一五・七・一五

委員長席に野党委員が猛然と詰め寄り大声で抗議、「強行採決反対」「アベ政治を許さない」のポスターを掲げ、怒号と「反対、反対」のコールで騒然とするなか、午後十二時二十分、一連の安保法制関連法案が強行採決された。朝から傍聴者が大勢集まり、百五十人が交代で審議を見守っていたが、委員長の「審議打ち切り」にたまらず、怒りの声を発した傍聴者の一人が退場させられた。

審議時間が百十時間とはいえ、「存立危機事態」「合憲性」「ホルムズ海峡の機雷掃海」などの論議は終始同じ答弁の繰り返しで一向に審議は深まらず、野党は更なる審議を求めていた。「国民の理解が進んできたと言い切る自信がない」と閣僚内からも疑問の出るほど、国民の理解は得られていないのが実態である。

衆院憲法審査会で憲法学者全員に違憲法案であると指摘された時点（六月四日）で、政府は謙虚に本法案を撤回すべきであった。それを自らの法案を正当化するために集団的自衛権とはまったく無関係な砂川事件裁判の傍論部分を利用したことにそもそも無理があった。白を黒と言い含めるわけだから、多弁を弄しても理解は得られない。衆議院本会議を経て参議院での審議になるが、是非言論の府としての役割を果たしてもらいたい。このままでは議会制民主主義の破壊であり憲法破壊である。

（最高裁判決が傍論で認めている「固有の自衛権」は個別的自衛権で集団的自衛権ではない）

平和式典、夏の風物詩にしてはいけない

二〇一五・八・一

今年もまた、八月六日と九日が巡って来る。一昨年の長崎原爆犠牲者慰霊平和式典で被爆者代表の築城昭平さんは「平和への誓い」の中で、「核と人類は共存できない」と語り、核兵器のみならず原発廃止をも訴えた。原子力の平和利用としての原発が実は原爆と表裏一体であることを被曝体験者として実感した上での発言であった。

また、昨年の同式典での「平和への誓い」では、被曝者代表、城臺美彌子さんが安倍首相を前にして「今進められている集団的自衛権の行使容認は、日本国憲法を踏みにじる暴挙です」と発言し、七月一日（二〇一四年）の閣議決定に抗議した。憲法九条を蔑にして核兵器廃絶を呼び掛ける安倍首相を許すことができなかったのである。

広島市の松井一実市長は八月六日に読み上げる「平和宣言」の中で、衆議院で強行採決され

今参議院で審議中の安全保障関連法案には触れない方針を明らかにしている（七月二日、本紙）。宣言は世界に向けて発信するメッセージであり、国内で議論されている問題を宣言に盛り込む必要はないとの考えだそうだ。

九条が破壊されるという自国の「存立危機事態」にある今こそ、「戦争法案」廃案の「平和宣言」が望まれる。今年は被曝七十周年、広島・長崎での「平和祈念式典」を単なる「夏の風物詩」にしてほしくない。

宗教と無関係の国営追悼施設を

二〇一五・八・二七（木）掲載・前著二五二頁

「新党市民連合」で総選挙に

二〇一五・一二・一四

民主・共産・社民・維新・生活の「野党五党」と意見交換を重ねてきた安全保障関連法に反対する学者の会・安保法に反対するママの会・総掛かり行動実行委員会・SEALDs・立憲デモクラシーの会の「市民団体」は、来夏の参院改選一人区等で野党統一候補擁立を促し、支援する「安保法制の廃止と立憲主義の回復を求める市民連合」の結成を二十日の記者会見で表明する予定だ。我が国の民主主義の歴史に残る新しい民主主義の始まりだ。

八月三十日の十万人集会をはじめ、くり返し行われている国会前や各地での集会に参加し「野党は共闘」を叫んでいる市民は、この「市民連合」設立を心から歓迎するだろう。是非、今年の流行語ともなった「アベ政治を許さない」で結集して参院選と衆院選とに勝利し、民意を反映させ、違憲の安保関連法を国会で廃止してほしい。「野党五党」が一人区等だけでなく比例区でも勝利するためには、立候補予定者が選挙前に「新党市民連合」を結成し、選挙後に会派をつくればよい。

政治の大前提であるべき憲法を無視し、憲法違反をくり返す現政権は、民主政権というより独裁政権であり、議員代表制の議会制民主主義を破壊している。憲法四三条により、国民は政党を超越して民意を実現する議員を選ぶ権利がある。是非この野党共闘のあり方を実践してほしい。

二〇一六・二・二四（水）掲載・前著二五三頁

福島の現状を見て再稼働の判断を

「怒りの声」結成機に野党共闘を

二〇一六・五・一五（日）掲載・前著二五四頁

電力総連は社会的責任を

二〇一六・九・一一

「金儲けだけでいいのでしょうか。企業には社会的責任があります」。脱原発運動に取り組んでいる吉原毅城南信金相談役の発言である（七日、本紙）。

環境や社会などの要素にも責任を持つべきとするのが企業の社会的責任だ。企業同様労働組合も社会的責任を負っている。平和と民主主義を守ること、生命、健康、雇用を守ることなどの他に、企業の社会的責任をチェックし、追及することは労働組合の社会的責任なのだ。労働者個人も自分の仕事が環境と社会に及ぼす影響を考え、社会的・市民的責任を認識しその責任を果たすことを求められている。福島第一原発の事故が環境と社会に与えた影響は計り知れない。

この事故の社会的責任は企業側だけでなく組合側にも追及されなければならない。未だ九万人が避難生活を強いられ、帰るべき故郷は放射線に汚染され、甲状腺ガンの恐怖に怯えなどしている被害者のみならず、汚染水処理や廃炉に向けて過酷な労働を余儀なくされている現場の労働者の立場に立って、電力総連傘下の組合は企業の社会的責任をチェックし、追及するという労働組合の社会的責任を果たさなければならない。企業側に原発の再稼働停止と再生可能エネルギーへの転換を促す要求と提案をすべきである。
そうすれば連合の支持する民進党の支持率も上昇する。脱原発が国民の意思だからだ。

二〇一六・一〇・三

「敬意の拍手」に戦争のかげり

衆院予算委員会で「敬意の拍手」「南スーダンPKO」等の議論を傍聴席で聞いていて思い出したことがある。小学校と中学校の卒業式で「篤行賞」の表彰を受けたことだ。三九年東京に生まれ、四二年両親の所属する教会の牧師、治安維持法違反で逮捕・投獄。五か月後、父召集、四四年宮城県に疎開。四五年東京大空襲で自宅焼失。四か月後に父韓国沖で戦死。五四年遺族の意思を無視し靖國神社、英霊として顕彰・合祀。国会での首相の海上保安庁・警察・自衛隊への「敬意の拍手の呼びかけ」に、戦争のかげりを感じた。

おそらく首相の深層心理には、国のために犠牲になることを美徳とする戦前回帰の美学があり、辺野古新基地・高江へリパット建設・尖閣諸島警備のために活動している海上保安官・県警・機動隊、南スーダンでPKOに参加している隊員と交代期に「駆けつけ警護」「共同防護」の新たな任務を課そうとしている自衛隊員に対して、国のために殉ずる覚悟を求める意思の表現が「敬意の拍手」だったのだろう。

そこには過剰警備に苦しめられている基地建設に反対する地元沖縄県人と、憲法遵守の宣誓を破り、殺し殺されることに日々怯えている自衛隊員とその家族を思う想像力の欠片も感じられない。犠牲者が出れば、また靖國神社に英霊として祀り、顕彰し、「靖國の遺児」を表彰するのだろうか。

交代期に南スーダン派遣を中止に

二〇一六・一〇・一五

昨年九月に成立した安保関連法に基づき、十一月に交代する南スーダンPKO部隊に「駆けつけ警護」などの新任務が付与されそうだ。首都ジュバを視察した稲田防衛相が「現地は落ち着いている」と安定性を強調したからだ（十日、朝刊）。

ジュバでは七月、市民二百数十名が死亡した大規模な戦闘があった。十一日の参院予算委員会で安倍首相は「戦闘行為」ではなかったとし、十二日の衆院予算委員会で稲田防衛相は「衝突」だとして、決して「戦闘」とは認めなかった。政府は南スーダンで武力紛争が発生しているとの公式見解をとっておらず、「PKO参加五原則」は覆されていないとしているからだ。

九月三十日の衆院予算委員会で「八月十二日に急遽アフリカのジブチ視察を決めたのは、十五日の靖国神社参拝を避けるためだったのでは。戦闘のあったジュバをなぜ視察して来なかったのか」等の辻元清美議員の質問に、稲葉大臣は「現在ジュバの治安は安定している」と答え、早急に現地視察の約束をしていた。治安が安定しているとされる時期の、たった七時間の視察は「ジュバでの新任務付与ありき」の感を免れない。

今月八日にはジュバから約一〇〇キロの所でトラックが武装グループに襲撃され、乗っていた二十一人が殺害された。南スーダンは紛争地だ。交代期を機に南スーダンから撤退すべきだ。

二〇一六・一〇・二九

核禁条約交渉開始決議案反対に失望

広島・長崎の被爆者だけでなく、国内外の核廃絶を願う人々を失望させる行動をわが国の政府は二十七日の国連総会で示した。核兵器の「非人道性」を訴える国々提案の『核兵器禁止条約』制定交渉開始の決議案」は賛成一二三、反対三八、棄権一六で採択されたが、唯一の被爆国・日本は、これまでの「棄権」に対しての批判を全く無視し「反対」したのだ。米国の核の傘の下にあることへの米国への遠慮、へつらいからである。安保関連法といい、地位協定、辺野古基地といいまるで米国の属国である。今回は北大西洋条約機構（ＮＡＴＯ）加盟国と共にわが国にも米国からの「反対」要請があったのだ。いずれかの国が核を保有すれば他国は対抗して核を保有するか、保有国の核の傘に入る。しかし、理性的に考えれば核の使用はあり得ない。報復攻撃により双方とも致命的被害を被ることが明白だからだ。

かくて使用されない核兵器が存在し続ける。核廃絶には「核兵器禁止条約」が必須だ。このままだと最悪な事態は、米国の殲滅攻撃に怯える北朝鮮の指導者が、相次ぐ挑発的行為に対する安倍首相や国際社会の強い非難と制裁に追いつめられ、理性を失い自暴自棄になった時に起きる。オバマ大統領は一刻も早く北朝鮮の指導者と同国の存続を保障すべく対話する必要がある。その根拠は北朝鮮がこの「交渉開始決議案」に「賛成」したことにある。

連合は「脱原発」世論と向き合え

二〇一六・一一・二(水)掲載・前著二五二頁

森友学園、戦前回帰の洗脳教育

二〇一七・二・二七

二十五日の声「森友学園の教育姿勢に疑問あり」で、「天皇を元首とするといった自民党の憲法改正草案を先取りするような学園」とあるが、まるで戦前に「後戻りするような学園」であり、憲法の象徴天皇条項を否定する教育姿勢である。この学園系列の塚本幼稚園では、「教育勅語奉読」「君が代」「軍歌」の唱和が日常的に行われている。

明治政府が富国強兵を国家目標とし、その達成のために国家神道を教育のあらゆる場に組み込み、天皇が国民のみならず時空を治める現人神《あらひとがみ》であることを洗脳するために、教育勅語奉読、祝祭日の歌を唱和させたのだ。

七十七歳になった今でも、幼児期に耳にした新年節一月一日、「年のはじめのためしとて　終りなき世のめでたさを」、紀元節二月十一日、「雲にそびゆる高千穂の　高根おろしに草も木も」、天長節四月二十九日、「今日のよき日は大君の　生まれたまいしよき日なり」の四七《よなぬ》抜きの歌が心の奥でよみがえる。

この学園の教育は、侵略戦争へと駆り立てた国家神道洗脳教育であり、この教育方針を評価し、名誉校長となった安倍首相夫人と結果的に自らの名前が寄付集めに利用された安倍首相は、ポツタム宣言、東京裁判を受け入れ、政教分離を憲法に謳い国際社会に復帰した歴史を覆す行動を示したのだ。国内のみならず海外紙の批判が多いことに現政権の危うさを見る。

二〇一七・三・一五

民進党は脱原発と向き合え

昨年十月の新潟県知事選挙で、民進党は連合に遠慮し自主投票としたが、民進党支持者の八五%が投票して原発に慎重な知事が誕生した。これに触発された蓮舫代表は「三十年原発ゼロ」を表明した。しかし、十一月二日掲載の私の「連合は『脱原発』世論と向き合え」や二月十八日の本紙社説「民進党は『脱原発』の旗を鮮明に」の主張も空しく、三月の党大会で蓮舫代表は「三十年ゼロ」の方針を取りやめた。本紙世論調査では民進党支持の五二％が方針とりやめを評価していない。連合は事故処理の過酷な被爆労働者を顧みず、電力会社の社会的責任同様、組合の社会的責任を果たしていない。民進党は連合の顔色をうかがうばかり。六年経っても福島第一原発事故の原因は究明されず、避難住民は七万九千人、使用済み核燃料・核のゴミ処理法は決められず、核燃料サイクルは破綻し、事故処理と廃炉費用は際限なく、その負担は次世代以降にも及ぶ負の遺産となった。

原発は、原爆同様、非人道的装置であり、原発産業は斜陽産業である。連合は人道的にも経済的にも脱原発を決議し自然エネルギー産業促進を会社に要請すべきだ。

それができないなら理性ある民進党議員は原発反対五七％の民意に応え、共産・社民・自由党と連合政党を結成すべく新政党結成するしかない。

二〇一七・五・三

憲法判断を避けた東京地裁判決

二〇一三年十二月二十六日安倍首相は靖国神社を内閣総理大臣として参拝した。この違憲確認を請求する裁判の判決を四月二十八日、東京地裁一〇三法廷で聴いた。交代して間もない裁判長は、理由を述べず訴えを却下・棄却した。主文には、安倍首相の参拝直後の会見報道を引用し、「これを素直に読んだ者からは、恒久平和への誓いをたてたものと理解される」と述べ、「原告らの権利ないし法的利益が侵害されたとはいえない」とあるが、肝心の違憲か合憲かの判断は一切ない。違憲訴訟において憲法判断を避けるとは。司法の自殺。権力に阿《おもね》った「忖度・迎合」裁判だ。移民等入国禁止の米大統領令を無効とした連邦地裁決定に三権分立の民主国家米国の片鱗を見ただけに、我が国の司法への失望と怒りは大きい。東北の被災者・弱者の思いに寄り添わなかった前復興大臣同様、安倍首相同様、この裁判長も靖国神社の被害者・弱者の思いに寄り添わなかった。戦前、国のために命を捧げることを美徳とし、教育勅語と一体となり侵略戦争へと邁進する精神的支柱となったのが戦死者を英霊と顕彰する靖国神社。「神社は宗教に非ず」として国家神道を植民地の人々にも強制し信教の自由を奪い不従順者を弾圧した。

その反省から政教分離が憲法に謳われたが、その認識がない安倍首相は戦前回帰の言動を繰り返している。

（この裁判は二〇一九年十一月二十一日、最高裁上告審上告棄却・上告不受決定により終結し原告敗訴となった）

韓国・米国大統領の対話に期待

二〇一七・五・一〇

喧《かまび》すしかった連日の北朝鮮報道もやや収まった感もするが、九日の韓国大統領選挙で北朝鮮に融和路線のムン・ジェイン氏が勝利したことを、私は日朝韓関係を改めて見直す良い機会になるものと歓迎したい。

氏は二〇一五年十二月の「慰安婦問題日韓基本合意」に批判的で、これまで以上に日韓関係悪化を懸念する見方もあるが、当選後直ちに北朝鮮を訪問したいという氏の対話の姿勢は、必ずやわが国にも同じ姿勢で臨むものと期待できる。パク前大統領は一度もわが国を訪れることはなかったし、安倍首相も第一次を除けば二〇一五年の日中韓サミットで訪問しただけだ。対話外交のないところに両国間に良好な関係が生まれるはずもない。

ミサイル発射や核実験を繰り返す北朝鮮を脅威的存在とだけ受け止め、制裁を強化し、日米安全保障条約のもと、軍事力、軍事的防衛装備を強化するのであれば、北朝鮮はますます核実験、ミサイル発射実験を繰り返すだろう。北朝鮮の最高指導者はビンラディンやサダム・フセイン同様の米国による殲滅・斬首作戦に怯えているのだ。

トランプ大統領は一日、北朝鮮の金正恩委員長と「環境が適切なら会ってもいいだろう」と述べた。米国大統領は早急に環境を整え、金正恩委員長と会談し、委員長自身と北朝鮮の存在を保障することだ。必要なのは制裁でも軍事力でもなく対話なのだ。

「犬税」を導入してはどうか

二〇一七・六・二八（水）掲載・前著二五六頁

加計学園、疑惑解明なしに開学はない

二〇一七・七・一一

国会閉会中審査が行われたが疑惑は増すばかり。森友・加計問題は、学校・学部の新設問題なのに、そこで学ぶ生徒・学生の立場に立った議論がなされていない。前者が小学校開校に至らず、憲法と教育基本法に抵触する愛国・政治教育による偏狭な人格教育がなされずに済んだのは幸いだった。教育基本法一六条には「教育行政は、公正かつ適正に行われなければならない」とあるが、後者については前川前文科事務次官の「行政がゆがめられた」との発言の信憑性が益々強くなった。国家戦略特区における獣医学部新設の四条件が、石破大臣から山本大臣に担当が代わってから蔑ろにされた疑いや、昨年十一月の「二〇一八年四月開学」公表以前に、内閣府と今治市とで「開学時期の共有」があったとの疑惑もある。文科省の「審議会」が八月

末に開学認可を判断すると報道されている。「教育の質」の観点から、「実地審査」も実施するようだが、需要動向考慮などを課した四条件に適っていたのか、是非とも議論を前に戻して審議すべきだ。

その前に安倍首相は、野党の請求に応じ、憲法五三条に基づく臨時国会を開き、「丁寧に説明する」との約束を果たし、「行政がゆがめられなかった」ことを立証する責任がある。それなしには「審議会」が開設を認可することはあり得ないし、受験生の人格を冒瀆することになりかねない。

核禁条約に早期賛成を

二〇一七・九・二二

北朝鮮の挑発行動と国連安保理決議とのいたちごっこが軍事的緊張を高めるなか、安倍首相は国連総会で「対話による問題解決の試みは無に帰した」と述べ、圧力の強化を前面に打ち出した（二十二日、朝刊）。私には全く理解できない。理性的には、米国の斬首作戦と核攻撃に脅える金正恩党委員長が米国を先制攻撃することはあり得ない。自身の生存も自国の存続も失う壊滅的な報復攻撃を受けるからだ。また、多くの犠牲者と何百万人の難民を抱えることになる中国、韓国等を想像すれば、トランプ大統領とて報復攻撃は躊躇せざるを得ない。両国指導者が理性を失わないことを祈るばかりだ。安倍首相発言の圧力強化は、金党委員長を心理的に精神的に追い込み、理性を失わせ、自暴自棄にさせる危険がある。

わが国は経済制裁強化によって開戦へと追い込まれ、敗戦被爆国となった。安倍首相が圧力強化を叫び、米国の核の傘の下で北朝鮮に核放棄を迫ることには全く合理性がない。

前回の発射実験の際、プーチン大統領は「外交的、政治的手段でしか解決できない」と発言した。国連総会で核・ミサイル開発を加速させる北朝鮮への対応が焦点となるなか、本部での署名式典では核兵器禁止条約の早期発効を目指して五十か国が署名した。北朝鮮問題解決のためにもわが国は核兵器禁止条約に早く賛成しなければならない。

（核兵器使用禁止条約は二〇一七年国連で採択され、二〇二〇年十月二十四日、発効に必要な五十の国・地域の批准に達し、二〇二一年一月二十二日発効となった）

二〇一七・一〇・四

共闘三野党に期待

開会要求から九十八日目の臨時国会は、天皇出席の開会式すらない冒頭解散。憲法五三条違反、七条乱用解散である。これは、森友・加計問題隠蔽目的の安倍首相の権力の私物化であり、今回の選挙の重要な争点となる。安倍首相は選挙に勝って、強行可決してきた秘密保護法、安保法制、「共謀罪」法同様、今選挙の「憲法改正」公約が国民の信任を得たと宣言し、自衛隊を九条に明記し、戦争のできる国にしたいのだ。

私は五年半前の原発再稼働反対から始まった様々な集会・デモ等に参加してきたが、市民運動が野党を動かし、国政を私物化する安倍首相を解散に追い詰めた。

この市民の流れに便乗し、民進党を抱き込み、希望の党を作り、政権選択選挙と扇動し、希望ならぬ野望を達成しようとするのが、衆院議員当時、原発・秘密保護法・安保法・憲法改正に賛成し、主権回復記念日新設・憲法記念日廃止を提案し、最近では、朝鮮人虐殺追悼文を拒否した小池百合子都知事である。希望の党は、安保関連法、憲法改定賛成の政党で、いつでも自民党と連携できる。四年前の参院選時、本欄に私の「護憲勢力は新・政党連合で臨め」が掲載された。今回も「オリーブの木」は成らなかったが、枝野氏等の新党「立憲民主党」は、社民党、共産党と候補者を一本化し、改憲を阻止する三分の一以上の議席を確保すべきだ。

二〇一七・一〇・二五

「北の脅威」からの解放は

今回の衆院選で安倍首相は「加計隠し解散」にもかかわらず、「国難突破解散」と称し、「北朝鮮の脅威から国民を守り抜く」を標語に「拉致、核、ミサイル問題の解決に向け、北朝鮮への圧力を最大限まで高める」ことを公約した。これまでも「北の脅威」が、安保法制の成立や政権浮上に寄与してきたので「北朝鮮＝国難」とし、その効果を衆院戦にも利用したのだ。

しかし選挙後の世論調査では「安倍首相の進める政策に、期待のほうが大きい二九％、不安のほうが大きい五四％」（二十五日、朝刊）と公約に否定的だ。「圧力を最大限まで高める」政策への不安は、かつてわが国が国際社会から孤立し経済制裁を受け、開戦へと進んだ歴史と、北朝鮮の現状が類似していることによる、核戦争への不安である。

理性的には北朝鮮の米国への核先制攻撃はあり得ない。米国の核報復攻撃により金正恩党委員長の生存のみならず、自国の存続不可能な壊滅的被害を受けることが自明だからだ。

しかし安倍首相の「最大限の圧力」は、金党委員長を自暴自棄にし、理性を失わせかねない極めて危険な政策である。北朝鮮が米国に届くＩＣＢＭ開発までの時間、敗戦被爆国のわが国に課せられた責務は、核兵器禁止条約に署名し、核の傘から脱却する道筋を真剣に模索することである。このことなしには「北の脅威」から解放されない。

二〇一八・三・三

汚染水対策「凍土壁」は失敗では

東京電力は一日、福島第一原発の汚染水流失を防ぐ手段として施工された「凍土壁」の効果の現状を公表した（本紙二日、朝刊）。一号機から四号機の周囲約一五〇〇メートルの地中に深さ三〇メートルのパイプを約一メートル間隔で打ち込み、冷却剤を循環させ地中を凍らせたものだ。雨の少ない時期の調査にもかかわらず、ポンプによる汲み上げなどの手段を併用しても効果は限定的で一日約九十五トンの流失だった。

当初から部分的凍結のみの実績しかない工法を導入することには反対の意見が多かった。素人の私でも、かなりの流速の地下水での凍結は難しい、凍結した土地は体積膨張し構造物に影響が出ないかなど疑問を持っていた。しかもその維持費は毎年約十五億円。原発事故発生当初、専門家が原子炉全体の地中周囲を鉄板で覆うことや、粘土で固める工法を提案したが、その費用約千億が六月の株主総会では認められないだろうと断念し、国庫支出、しかも研究開発費、約三百五十億円の「凍土壁」となり、冷凍機一号の起動開始は事故から五年後、その二年後の現状が一日の公表である。「江戸いろはかるた」の「安物買いの銭失い」である。燃料デブリの取り出しは何年経っても不可能だろう。今後の廃炉までの経費は当然二十二兆円を超える。今から鉄板で原子炉すべてを地中から覆い、チェルノブイリ原発に倣って「石棺」を検討すべきだ。

「橋渡し役」なら核禁条約参加を

二〇一七・一二・六（水）掲載・前著二五七頁

やはり「終わった」と言ってはならない

二〇一八・三・五

三月一日、韓国の文大統領が独立運動記念式典で、慰安婦問題を「加害者である日本政府が『終わった』と言ってはいけない」と語ったことに対し、日本政府は、日韓合意違反と反発した。私は文氏の言う通りだと思う。まさに「歴史問題の論議を封じようとするのは適切ではない」（五日、本紙社説）のだ。慰安婦問題は韓国だけでなく、北朝鮮、台湾、フィリピンなどの国も関係する、戦後七十三年経っても解決されていない「戦後処理問題」の一つで、日本政府は一九九六年、国連人権委員会から公的謝罪と賠償を勧告されたのだ。

しかし、日本政府、外務省は一貫して「戦後処理問題」は、「サンフランシスコ条約と二国間条約・協定などで最終的に解決済み」として、被害者の賠償請求権を拒否し続けてきた。元慰安婦の人たちに、首相のお詫びの手紙と一緒に、一九九五年設立の「女性のためのアジア平和国民基金」から、九六年には橋本首相がフィリピン女性七名に、二〇〇五年には小泉首相がフィリピン、韓国、台湾の女性二百八十五名に「償い金」を手渡したことはあるが、これは元慰安婦の人たちが要求し続けている「国としての謝罪と賠償」ではなかったのだ。今回の二〇一五年末の日韓合意も同様で、慰安婦問題の解決のためには、加害者側としての正しい歴史認識の論議と人権教育・平和教育が不可欠だ。

国政調査権による早期真相解明を

二〇一八・三・二九

国有地売却に関する決済文書改ざんについての佐川前理財局長の証人喚問が二十七日、参院と衆院の予算委員会で行われ、両委員会を傍聴した。大方の予想通り、改ざんの目的、指示者、経緯については刑事訴追の恐れがあるとして発言を拒否したため真相は何も解明されず、疑惑は益々深まった。しかし、証人が、「首相夫人、首相、官邸の指示や関与はなかった」と断言したことが逆に墓穴を掘った。それら三者の指示や関与は、発言を拒否した改ざんの経緯そのものだからだ。この決裁書・公文書改ざんは、議会制民主主義の根幹を揺るがす重大事件であり、国政が憲法の前文にある「厳粛な国民の信託に応え」ない、国民への裏切り行為である。

国会は、司法から独立した憲法六二条の国政調査権を活用し、国民に対し真相を究明する義務と責任がある。早期真相解明のために、安倍昭恵氏、迫田元理財局長、谷元首相夫人秘書、今井尚也首相秘書官らの証人喚問と、会計監査の再調査は不可欠だ。

昨年六月の憲法五三条に基づく臨時国会開催要求を無視し、百九十八日目に解散宣言だけの国会を開いたのは「森・加計問題」隠しだったことが明確になった。

一年前にこの事件が判明していれば、現議員も現政権も存在しなかったのだから、衆院を解散し民意を反映した新たな政権による国会運営がなされるべきだ。

新聞報道の偉大さを実感

二〇一八・四・一一

映画「ペンタゴン・ペーパーズ」の感動が冷めやらぬ十日、「面会記録に『首相案件』」の本紙一面白抜きを目にし、映画の続きを観ているような衝撃を覚えた。三月二日の「森友文書、書き換え」に続く快挙だ。

国会傍聴を続けてきたが、この一大報道で一挙にもやもやが一掃された。新聞報道の偉大さを実感した。権力と大衆に阿《おもね》ることのない真実の報道には、並々ならぬ覚悟と勇気が必要なのだ。吉田証言取り消し謝罪記事以来、戦前復帰的な思考勢力と相呼応する安倍政権のリベラル批判の標的となった本紙は、両論併記的な記事や編集が目立ってきていた。

公文書改ざん、データねつ造、授業への介入、日報隠蔽、と次々転移してもはや末期的症状の現政権。この症状をあぶり出すきっかけとなったのは本紙のスクープだ。二つのスクープにより大衆の本紙への信頼と期待は広がり、安倍首相をはじめとする真実報道を恐れる大臣や議員の本紙批難はできなくなった。新聞週間さなかの報道、新聞の使命は真実の報道に尽きる。

新聞社は真実を伝える報道の自由を、国民は知る権利を「不断の努力によって保持しなければならない（憲法一二条）」。ＮＧＯ国境なき記者団の二〇一七年の「報道の自由度ランキング」は百八十か国中七十二位。一〇年の十一位から低落の一途、安倍政権の責任は重大だ。
（「ペンタゴン・ペーパーズ」スティーヴン・スピルバーグ監督、二〇一七年）

二〇一八・五・三

憲法無視が混迷と政治離れの原因

昨年五月三日安倍首相が「自衛隊明記改憲」を提起した際、河野元衆院議長は「現実を憲法に合わせる努力を」と批判した。

一五年九月十九日、明白に憲法違反の安保関連法を強行可決し、自衛隊に駆け付け警護等の集団的自衛権行使を可能にし、今度はそれを保障するために九条を改定するのだ。これは憲法を現実に合わせる憲法の空洞化、「ナチスの手法」であり、公人の憲法尊重擁護義務の九九条に明白に違反する。

これに限らず靖国神社公式参拝・真榊奉納は政教分離の二〇条違反、七条解散の乱用など首相自らが平気で憲法違反を犯すところに現在の政治の混迷、国民の政治離れがある。これまで強行可決した、秘密保護法は国民の知る権利保障の二一条に、安保関連法は戦争放棄、軍備・

交戦権否認の九条に、共謀罪法は幸福追求権の一三条、思想・良心の自由保障の一九条、信教の自由保障の二〇条、集会・結社、言論・表現の自由等保障の二一条に、法的手続き保障の三一条に抵触するのだ。

　昨年五三条に基づく四分の一以上の議員要求による国会臨時会を召集しなかった。個人の尊重は憲法の基本原理、これに基づく少数意見の尊重は議会制民主主義の基本だ。憲法改正の発議が総議員の三分二以上の賛成とあるのも、三分の一の少数者を尊重するからであり、数の力の議会運営は少数者尊重の憲法の精神に反する。

（河野元衆院議長発言、朝日新聞二〇一七・六・一）

「優秀な官僚」の倫理観はどこに

二〇一八・五・一〇

　十日の衆参両予算委員会を傍聴した。「二〇一五年四月二十二日に首相官邸で『記憶の限りでは会ったことはない』と答えていた柳瀬元首相秘書官が、県や市の関係者の出席者の記憶は定かでないが、『加計学園の関係者とは会った』」ことを認めた。なぜ昨年この事実を認めなかったかとの質問に、「県や市の関係者に会ったか」と聞かれたからと答えた。ふざけた話だ。この発言により国会審議は空転し、国会開催費用だけでも何十億円無駄になったことか。驚くことに同年八月までに官邸で三回会っていて、首相にはいっさい会うことも、会ったことも報告していないという。あり得ない。

経済戦略特区の申請は、公共団体が行う規定、公募前に直接事業者が官邸で秘書官等と会談すること事体異常だ。「加計ありき」の感をますます深めた。柳瀬元秘書官の答弁は、安倍首相が加計学園の応募を初めて知ったのは、供応罪の嫌疑を避けるために、腹心の友との接待時期と無関係な、二〇一七年一月二十日と発言したことのアリバイ作りなのだ。いつも聞いていて、優秀といわれる官僚たちの良心、倫理観の欠如を感じる。公務員服務規程を犯してまで何を守ろうとしているのか、自己保身以外の何ものでもない、哀れである。

（柳瀬唯夫氏は二〇一八年七月経産省退官後、十二月に東芝関連会社非常勤取締役に就任、二〇一九・一・一九、赤旗電子版）

改ざん・隠蔽・虚偽発言、良心はどこに

二〇一八・六・五

日大のアメフト問題でルール違反をした部員が、良心の呵責に耐え得ず、事実経過と懺悔と謝罪を公の会見で述べ、メディアも世論もこれを潔《いさぎよ》しとし、教育機関としての指導者の責任を追及した。不承不承ではあってもコーチ、監督が辞任し責任をとった。

翻って森友問題はどうか。公文書改ざん、隠蔽、虚偽発言等は国会と国民を冒瀆し、議会制民主主義を破壊する違反行為であり、公務員服務規程に違反し良心の呵責にさいなまれた職員が自殺したほどの重大問題だ。これに関わった官僚は潔く、事実を述べ懺悔と謝罪をすべきだ。その上で財務大臣と首相は辞職し、責任をとらなければならない。そうでない以上、森友問題は終結せず国民の納得は得られない。昨年二月十七日の「わたしと妻が関係していたら、首相も議員も辞める」という首相発言は、業務命令とも言える発言で、国民に仕える官僚に服務規程を犯すことをさせてしまったのだ。

最近、首相はこの「関係発言」を「贈収賄では全くない。そういう文脈において一切関わっていない」とまた、うその上塗り。どんな行為も刑事罰に該当しなければ許されるという大臣、首相の倫理観、道徳観は国民を堕落に導くだけ。直ちに辞職すべきだ。

二〇一八・七・三

個人の自由に政治が介入しないこと

六月三十日の「子を産んで国栄える　正論では」の中に「社会の宝として子どもを尊重」「産むことを多としない価値観なら、社会の存在を否定」とあり、子供の存在より社会、すなわち、国の存在に力点があるように読める。また「子どもを産み育てることを国家が奨励・支援しているのは紛れもない事実」とあるが、「国家が奨励」しているとすれば、個人の自由に「国家」が介入し、産まない人への差別意識が生まれる。

現憲法は前文が「日本国民は」で始まる「主権在民」の憲法で、個人の尊厳と自由が重要視され、国家権力が抑制されているのに対し、自民党憲法草案は前文が「日本国は」で始まる国家主義的憲法で、国民の義務が目立ち、個人の尊厳よりも国家の尊厳が優先している。

また、人類の多年にわたる自由獲得の歴史と我が国の国家主義による戦争の反省に基づき、基本的人権の本質を定めた憲法九七条が削除されている。

したがって、自民党の二階幹事長の「勝手なことを考えている」「たくさん産んで、国も栄えていく」発言も、自民党憲法草案同様「富国強兵」の国家主義的、時代錯誤の価値観であり、憲法の基本的人権尊重に抵触する。「皆が幸せになるためには」個人の自由に政治が介入しないことだ。

二〇一八・七・一七

北朝鮮敵視政策を改め国交正常化を

米朝首脳会談の朝鮮半島非核化合意から一か月が過ぎ、さすがの日本政府も「北の脅威」を叫ばなくなった。安倍首相は最重要課題としてきた拉致問題解決のため自ら速やかに行動するかと思いきや、国会開催中のＥＵ訪問を予定した。しかし、豪雨警戒予報下の五日夜、オウム被告七人処刑前夜にもかかわらず、自党の酒席に出席し、「赤坂自民亭」と不謹慎を批難され、九日、豪雨災害対策のためと訪問を取りやめた。

トランプ・文両大統領には、金委員長との会談で「拉致問題提起」を電話で依頼し、その返事を家族会で自分の手柄のように報告した。しかし、自らは総裁選後の十月に日朝首脳会談を予定しているのだ。九月の総裁選前での会談不成立・失敗を恐れてのことだ。

安倍首相は「日朝平壌宣言」後、拉致問題を背に支持を受け、首相になってからは最重要課題と公約してきた。しかし、自らは何ら直接行動せず、十数年間で一ミリも進展していない。支持率向上のために拉致問題を政治利用していると見える。

北朝鮮の安倍首相への不信感は強く、北朝鮮敵視政策を見直さない限り、金委員長との会見も握手も不可能だ。安倍首相に命を懸けてきた拉致家族が不憫でならない。家族の方々の目に留まることを心から願って投稿する。

二〇一八・八・一

イージス・アショア購入中止を

米大統領に追随する安倍首相は、昨年末、北朝鮮の核・ミサイル開発を「新たな段階の脅威」と位置づけ、イージス・アショア購入を決めた。しかし、米朝首脳会談の朝鮮半島の非核化合意により、北東アジア情勢は「新たな緊張緩和の段階」に入った。一日の本紙社説の通り、陸上イージス導入を中止すべきだ。費用の急騰と配備に六年もかかること、配備地住民の合意が得られないこと、この導入が中国との新たな対立を生むことを考えるからだ。

わが国の核防衛体制を考える基本は、恒久平和を標榜するわが国の憲法にある。戦争放棄と戦力不保持の憲法九条は、武力による威嚇も禁じていて、核兵器保持は勿論、核の傘下にあることもこれに抵触する。核廃絶を訴える唯一の被爆国であるわが国は、朝鮮半島非核化を決意した金委員長に賛意を示し、核兵器使用禁止条約に署名し、米国にも署名を促し、ひいては、日米安保条約を終了させ核の傘からの離脱を決意すべきだ。これにより北東アジアの平和が保障され、防衛費を大幅に縮小できる。「剣を取る者は皆、剣で滅びる」(聖書)。武力によって平和は得られないのは歴史的事実だ。最善の安全保障は敵をつくらないこと、隣国と仲良くすることだ。

歴史の反省に立ち拉致解決を

二〇一八・九・四(火)掲載・前著二五八頁

実習生の実態把握と改善を

二〇一八・一一・二四

政府は戦時中に朝鮮半島から日本に動員した労働者の呼び方を「旧朝鮮半島出身労働者」に統一した。「徴用工」のことだ。植民地政策による人権侵害に対し謝罪しない安倍首相の歴史認識による歴史の改ざん・隠蔽だ。「徴用工」の受けた精神的、肉体的被害をないことにする非人道的行為だ。

政府は財界の要請に応じ外国人労働者受け入れ拡大のため、入管法改正案を強行成立させるつもりだが「技能実習生」の劣悪な労働環境はまるで現代版「徴用工」。入管法改正の前に「徴用工問題」は六五年の日韓請求権協定により解決済みとつき放すのではなく、国家間で見逃した人権侵害に対し謝罪し、技能実習生の実態調査と解決策、外国人社会保障制度、移民について、国会で十分討議すべきだ。

この入管法の改正は、該当職種の日本人従業員の所得を停滞させ、従業員者数を減らし、GDPの六割を占める個人消費を抑制しこれを押し下げる。農業、漁業、医療、介護、育児など命に関わる国の根幹を担う職業を外国人に任せようとする現政権には政治思想も理念も倫理観もない。このまま入管法改正案を強行成立させれば、「技能実習生問題」が国際問題となり、韓国、北朝鮮で「徴用工問題」が再燃する。

勇気ある発言にメディアは見習え

二〇一八・一二・四

今回の秋篠宮発言は、明らかに、「象徴天皇」のあり方を模索し、反戦平和主義と護憲の姿勢を示し続けてきた天皇の意志を無視し続け、止めどなく憲法違反を繰り返してきている安倍政権への悲壮なまでの勇気ある批判である。

敗戦の反省から国民主権の憲法ができ、天皇の政治的発言ができないことをいいことに、現政権は憲法を破壊し戦争のできる国へと直走《ひたはし》っている。自民党憲法草案は、その天皇を元首と定めているのだから驚く。天皇の意志を無視している現政権は、憲法が改定されれば、天皇を敬いその意志を尊重し言うことを聞くというのか。ここに安倍政権の本音と人間性の欠如がある。戦前同様、天皇を利用しようとするだけなのだ。憲法の定める「象徴天皇」のあり方を全身全霊で模索し行動してきた天皇と妃殿下に対する最大の侮辱である。

「宮内庁長官はきく耳を持たなかった」発言は、政府もメディアも大嘗祭の経費の問題にすり替え、先ず問われなければならない政教分離違反、憲法遵守違反を問題にしないことへの天皇一家を代表する怒りの言葉なのだ。くしくも皇室が憲法遵守、擁護の発言をしてくれたことは国民にとってありがたい。これを野党が力にせずにはおけないはず。（秋篠宮が誕生日、一一月三十日、大嘗祭費用を憲法の政教分離規定に則し、私的行事として「内廷費」から出費すべきと発言）

二〇一八・一二・八

技能実習生、現代版「徴用工」では

政府は外国人労働者受け入れ拡大のために改正入管難民法を強行成立させた。七日、安倍首相出席の参院法務委員会を傍聴した。法務省の調査票を野党が手書きで写した技能実習生二千七百八十人のうち三年間に六十九人の死者があり、そのほとんどが二十代、死因に自殺、溺死、凍死が多いのに驚いた。

この実態をどう思うか問われた安倍首相は「今初めて聞いたので答えようがない」とまるで他人事。これが我が国の首相かと傍聴席で怒りの声を必死に堪えた。連日伝えられた技能実習生の劣悪な労働環境は、まるで現代版「徴用工」だ。

国家間の請求権ではない個人の請求権は、消滅するはずもないのに「徴用工問題」は六五年の日韓請求権協定により解決済みとつき放す冷徹さと通底する首相の非人道的、非情な発言だ。国家の前に個人の尊厳・人権を無視するのは戦前の思想であり、憲法違反だ。技能実習生の実態把握と改善を急がねばならない。このままでは技能実習生問題は国際問題となり、日本で働くことを希望する外国人労働者は減少する。当該十四業種など、きついと言われる職業に従事する人の給与を大幅にアップし、その日本人労働者を増加させることこそが、出生率増にもつながる本質的解決策だ。

二〇一九・二・六

早くも「今年の漢字」は「嘘」に?

衆参両予算委員会を連続四日間傍聴した。

毎月勤労統計・賃金伸び率・統計への政治の不介入の嘘。「嘘つきは、戦争の始まり」、一月七日の本紙見開きの企業広告には驚いたが、実に時宜を得た広告・警告だった。昨年「災」だった「今年の漢字」、今年は早くも「嘘」に決定か。

一年以上繰り返された国会の首相・大臣・官僚答弁の「嘘」。「日報はない」と言った防衛省の「日報隠し」、手続き上問題はないと断言し、国有地売却の公文書を隠蔽・改竄した財務省の嘘の嘘。経済特区事業者認定日の「一月二十日」に申請を知ったという首相答弁のアリバイ造りに嘘に嘘を重ねた腹心の友同士。裁量労働制の労働時間・身障者雇用水増し・勤労統計不正の厚労省、技能実習生の実態に関する法務省調査の嘘。「福島はアンダーコントロールされている」という嘘で始まった東京五輪・パラリンピック招致、ＪＯＣ会長を贈収賄容疑で仏国検察が追起訴（本紙一月十二日）、辺野古埋め立て「土砂投入にあたり、サンゴは移している」と首相の嘘の発言（同十日）。「北の脅威」がなくなったのにイージス・アショアを購入し、護衛艦「いずも」を空母化しても専守防衛と。「嘘つきは、戦争の始まり」の兆し。

二〇一九・二・一四

平壌宣言を土台に日朝交渉を急げ

昨年九月四日の本欄「歴史の反省に立ち拉致解決を」で、私は「首相自ら行動することが家族への誠意の証しだ。政府は『日朝平壌宣言』に立ち帰り、早急に日朝首脳会談を実現すべきだ」と訴えた。

藁をもつかむ思いで毎日、新聞を見ている拉致家族の方々は、この記事を基に安倍首相に行動を求めたにちがいない。これまで「植民地支配への謝罪とお詫び」を表明した日朝平壌宣言に批判的で、八月の全国戦没者追悼式の式辞でも、六年連続「加害と反省」の言葉を発しなかった安倍首相は、九月二十三日に開かれた「全拉致被害者の即時一括帰国を！　全国大集会」では「十六年前の日朝平壌宣言は、日朝交渉を始める際、間違いなくその土台となる文書となったと我々は考えています」「最後は私自身が金正恩委員長と直接向き合わなければならない」と言わざるを得なかったのだ。

しかし、拉致問題を最優先・最重要課題と位置づけると言い続けるものの、未だに何ら行動せず放置したままだ。平壌宣言を日朝交渉の土台とすると言いながら、首相の歴史認識に変化がないのであれば、安倍首相には初めから拉致問題を解決する能力がなかったことであり、拉致問題を政治利用してきたと言わざるを得ない。

主体的に「拉致と非核化」に取り組め

二〇一九・三・一三

非核化に向けた米朝首脳会談は不調に終わり、トランプ大統領に話題提起を依頼した、非核化より大事と称する拉致問題にも何ら変化がなく、逆に虎の威を借る安倍首相の姿勢を金委員長は激しく非難したと伝えられてきた（八日）、当然のことである。

最優先・最重要課題とは言葉だけで、自ら何ら行動することなくただ無為に時間だけが過ぎてきた。これで主権国家と言えるのか。拉致問題は日朝の問題で、他国を巻き込む問題ではない。会談後さすがに安倍首相も「今度は私が直接北朝鮮と向き合う」と言わざるを得なかったが、「植民地支配への謝罪とお詫び」を表明した十七年前の日朝平壌宣言に立脚して交渉しない限り拉致問題の解決はあり得ない。

国連決議に基づいた制裁解除のための非核化と関連させ、経済援助と交換に拉致問題を解決したい首相に、その覚悟はあるのか。安倍首相の歴史認識が変わらない以上、北朝鮮には受け入れられない。また、北朝鮮の非核化は我が国の安全保障にとって米国のそれ以上に重要であり、唯一戦争被爆国のわが国は米国以上に主体的に取り組まなければならない。核兵器使用禁止条約に署名した上で、わが国独自の対話外交により北朝鮮に非核化を迫るべきだ。

二〇一九・三・二八

人格権の問題審議に党議拘束は無用

後半国会の焦点の一つ、児童虐待防止強化のための児童福祉法改正案で、親権者らの体罰禁止を明記したという。また、改正法施行後二年をめどに民法の親権者の「懲戒権」を検討するそうだ（本紙二十八日）。いずれも憲法一三条の個人の尊厳に関する法案で、単に虐待する親を厳罰化したり法律を厳しくすれば解決する問題ではない。二〇〇〇年の少年法改定の厳罰化により少年犯罪が減少しただろうか。虐待される子ども、する親の人格権の問題であり、子供、親という人間観が問われる問題だ。英語で子どもが「生まれた」ことを「was born」と受け身形で表す。「by God」、「神によって」「生まれさせられた」と表現する。子どもは「神の作品」故大切にされなければならないし、人間はすべての子どもを等しく大切にしなければならないと認識できる。

このような規範はかつての日本にもあったのだと思うが、まっとうな倫理観、道徳観を持たない現政権に人格権を論議できるのか、甚だ心許ない。なぜ児童虐待が目立って増加しているのか、低所得、過剰労働、人権侵害、批判を恐れずに言えば、虐待する親もまた、政治の犠牲者ではないのか。この法案審議に党議拘束はあってはならない。

「日本国民の精神的な一体感」発言

二〇一九・四・二三

令和となり国中が新時代到来かのムードの中で憲法記念日を迎えた。どれだけの人が現憲法と対比し改元を受け止めたか。自民党改定憲法草案では、第一条に「天皇は元首」とあり、第四条に元号制定が定められている。現憲法は主権在民で、天皇は象徴天皇なのに、一九七九年、法的名分がない「元号法」を定めたため、象徴天皇の影ともいうべき戦前の天皇、即ち、自民党草案の元首としての天皇と思わせる政治利用が安倍首相の下で行われている。

改元発表後の談話で安倍首相は、万葉集が中国由来の漢字表記をひらがなにしたにもかかわらず、元来元号は中国の古典を原典としてきたが「令和」は国書・万葉集に由来するとし、元号は「日本国民の精神的な一体感を支えるもの」と語った（二〇一九・四・一）。

安倍首相の言う「精神的一体感」とは戦前の皇国史観に基づく天皇主権下の精神的一体感、即ち、教育勅語の一旦緩急あれば一身を皇国に捧げ、戦死すれば英霊として靖国神社に合祀されることを美徳とし、侵略戦争を聖戦、自存自衛の戦争とする精神の一体感だ。戦前回帰の精神を国民に求め、憲法に反し、戦争のできる国造りにワイルドに歩を進め、多額な武器装備を購入し尖閣諸島周辺に自衛隊基地を増設中だ。

（内閣総理大臣談話、本著「序章」に引用）

対北朝鮮、国交正常化交渉を急げ

二〇一九・六・四

史上初めての米朝首脳会談から一年、非核化からは程遠いが一時は軍事的危機にあった両国が、今後とも対話を継続していく認識を共有していることは、北東アジアの安全保障にとって重要な意義を持つ。最善の安全保障は武力による防衛力ではなく、対話による外交力によることの証しだ。

安倍首相並びに外務省は米朝の非核化交渉の中で拉致問題を解決しようとしているように見受けられるが、国連制裁が解除されないうちは、いくら安倍首相が「前提条件なし」でと首脳会談を呼びかけても、金正恩委員長は応じまい。日本が何かできるとすれば制裁解除後のことで、アメリカが先頭に立って北朝鮮への経済的支援に乗り出し、日本も巨額の資金提供を持ちかけ、引き換えに拉致問題を解決する選択肢が可能になる。しかしこれには何年かかることか。そしてこの解決法は拉致問題の本質的解決にはならず、金委員長の望む解決法でもない。

拉致は日朝の問題であり米国を巻き込む問題ではない。二〇〇二年の植民地支配の謝罪の気持ちを明記した日朝平壌宣言に基づき、国交正常化交渉を重ねる中で解決するのがあるべき解決策であり、国交正常化こそがわが国の安全保障に欠かすことができないことなのだ。

二〇一九・六・一八

防衛費を削減し社会保障の充実に

ミサイル実験が繰り返された一昨年、政府は「北の新たな段階の脅威」と称し、イージス・アショアの購入を決めた。しかし今、その配備予定地決定が初歩的な誤ったデータに基づくものだったこと、レーダーの出力が不明で電磁波の被害の予想ができないこと、中期防においてイージス艦を四隻から八隻に増やす計画があること、地上のイージス・アショアは攻撃されやすいこと、配備予定地秋田はハワイ、山口はグアムに向かうミサイルの迎撃のためのものであること、など配備計画に疑問が噴出している。

説明会での防衛庁職員の居眠りに象徴されるように、防衛庁での真剣な討議がなされたものではなく、トランプ大統領に媚《こ》びる安倍首相の「購入ありき」の計画だ。米朝首脳会談から一年、軍事的危機が叫ばれた両国が今後も対話を継続していくとの認識は共有している。最善の安全保障は武力によらない、対話による外交力にある。イージス・アショアの購入は不要だ。我が国は中国に対抗して防衛費を過去最高の五兆三千億円も計上した。この他に在日米軍経費の日本負担分は年間七千億を超える。これだけのお金を年金など社会保障や教育に回せばどれだけ豊かな国民生活を保障することか。

(在日米軍関係経費、二〇一九年度七、九〇二億円、日本政府計上、赤旗電子版、二〇一九・一二・二三)

国会開会式、憲法遵守の宣誓を

二〇一九・八・一

第百九十九回臨時国会が八月一日召集された。新天皇初めての開会の言葉を傍聴は認められていないのでインターネットで拝聴した。果たせるかな新天皇も平成天皇同様「国民の信託に応えることを切に希望します」と述べた。

憲法前文には「国政は国民の厳粛な信託によるもの」とある。「国民の信託」とは基本的人権・国民主権・平和主義の憲法を遵守し、民意を尊重し、民主的に議会運営を諮《はか》ることへの信頼ではないか。秘密保護法以来、国会傍聴を続けてきたが、安保関連法、「共謀罪法」の強行採決、五三条無視の臨時国会不開催など、現政権の憲法軽視、少数意見無視の姿勢は議会制民主主義を根底から揺るがすものであり、「国民の信託」に応えるものではない。国会議員は憲法九九条で憲法尊重・擁護義務が課されている。公務員は任用に際し「服務の宣誓に関する政令」に基づき、「日本国憲法を遵守する」内容の宣誓書に署名し任命権者に提出する。

国会議員も開会式の天皇の言葉の後に、全員で憲法九九条を唱和し「憲法を遵守し、誠意をもって国民の負託に応える」と宣誓することを提案したい。憲法を蔑ろにする現政権の緊張感のない国会運営・議論にこそ若者の政治離れの原因がある。

（天皇の言葉、デジタル毎日、二〇一九・八・一）

権利と自由は国民の不断の努力で

二〇一九・八・二四

暴力や権力に制限されることなく、自由闊達な議論を行えることが民主主義の最低条件だ。そして、政治権力を自由に批判できることにこそ表現の自由の本質がある。

「表現の不自由展・その後」が破壊・焼失予告と政治家の言論により中止となった。人々は何もなかったかのように生活している。このことがどれだけ危険なことかを意識していない。この国は、本当に行くところまで行ってしまうのではないかと、暗澹たる気持ちになりそうな言論・表現空間になっている。

その中での救いは、知事が「表現の自由制限論」と真っ向からたたかったことだ。今後もこの状況に屈せず、いまの主張を続けてほしいし、安全確保ののち再開してほしい。そうでないと、せっかくの企画者・出展者・主催者が不当な力によって敗北するだけでなく、理不尽な言動によって、正当な行動を阻止できるという悪しき前例となるからだ。

憲法一二条の「憲法が国民に保障する権利及び自由は、国民の不断の努力によって保持しなければならない」という努力は、この場合、中止ではなく開催する努力だ。八七年の朝日新聞襲撃事件は時効後も「赤砲隊」の真相を追い続けているが、報道の自由を保持するための努力である。

自衛隊中東派遣の閣議決定の取り消しを

二〇二〇・一・七

新年早々中東情勢が緊迫しています。その原因はひとえにトランプ大統領の暴挙にあります。イランが核開発を制限する見返りに金融制裁や原油取引制限を緩和した二〇一五年のイラン核合意から、昨年五月、一方的に離脱し、ウラン高濃度濃縮というイランの対抗策に対してトランプ大統領は一月三日、イラク滞在中のイラン司令官等を無人機から空爆し殺害させたのです。この暗殺指示は明確な国際法違反です。

この暴挙により数百万のイラン国民が立ち上がり憎悪と報復の意思を明らかにしました。イラクでも米軍撤退の声が高まっています。

安倍政権は十二月二十七日の自衛隊中東派遣閣議決定を直ちに取り消し、トランプ大統領に対し、これ以上軍事的挑発をエスカレートさせないことと、イラン核合意に直ちに復帰するよう強く求めなければなりません。これは秋の大統領選での勝利のために戦略を誤り、一触即発の危機的状況をつくった米国に対する同盟国としてのわが国の責任ある行動です。この状況下での調査のための自衛隊中東派遣は、まったくあり得ません。自衛隊員の命と米国への忠心とどちらを選ぶのがわが国の首相でしょうか。友好国イランとの橋渡し役として今こそわが国の出番です。

二〇二〇・一・一九

改定六十年、安保条約と自衛隊の議論を

昨年九月十六日の本欄「ホルムズ海峡警護で増す危険」で、「イラン・イラク戦争では、同盟国である米国が介入した時期から、日本船が次々に攻撃された」と、「有志連合」への参加

に反対していた。今回の自衛隊中東派兵は国会の決議も国連の決議にも基づかない「有志連合」への実質的参加であり、自衛隊員の命よりもトランプ大統領への忠心を優先させたものだ。

一九五二年の講和条約発効により独立国となったが、米国の核の傘の下の安全保障体制に依存し、未だに米国に従属している。六十一年前の砂川判決以来、安保条約の違憲性を不問にしたまま、二〇一五年に自衛隊に集団的自衛権が付与され、安保条約も自衛隊も明白に九条違反となった。

安保改定から六十年、他国との軍事同盟は、他国が関与する戦争に巻き込まれるばかりか、その同盟国と敵対する国との関係を悪化させる。プーチン大統領は日米安保がわが国との平和条約締結の障害であると述べている。今必要なことは、米国の戦争に巻き込まれないように、またロシアはじめ他国との平和条約等締結のために、米国との安保条約を見直し平和条約とする、真の独立国としての安全保障体制について、自衛隊について議論することだ。

二〇二〇・二・二〇

拝啓　東京高検黒川弘務検事長様

黒川弘務検事長にお尋ねします。

あなたは検察庁法に検察官の定年は六十三歳で延長規定はないことを知っていて、政府の延長要請に応じたのはなぜですか。驚いたことに、私が傍聴を続けていた衆院予算委員会で二月十日、森雅子法務大臣は、自らも検察官経験者の山尾志桜里議員の厳しい追及に、国家公務員法に定める定年延長は、検察官には適用されないとした八一年の政府見解の議事録の存在を知らないことを認めたのです。延長の大義については、人事に関することゆえ詳細は語れないとし、現社会情勢下でのあなたの公務の必要性のみを主張したのです。

法的根拠のない延長を、法を犯してまで引き受けた大義は何だったのですか、国民に説明する責任があなたにはあると思います。

山尾議員は、「検察官一体の法則」により検察庁は「金太郎あめ」のような組織で、どこを切っても同じ顔でなければならない、特定の個人の能力や考えに頼らない、属人性の庁でないことが正義、一番の強みだと語り、「黒川さんにしかできない最後の仕事は、政府の願いを毅然とはねのけ、庁の独立と法の支配を守る、信頼を守る仕事であります」と辞任をあなたに呼びかけました。今、あなたの人間性が問われています。

(「検察庁法改正案に抗議します」のツイッター投稿が五月九日夜から十一日夜までに六百八十万件を超えたと報道された。黒川検事長は「賭け麻雀」報道を受け、五月二十一日辞職表明。検察庁法改正案は、廃案となったが、二〇二一年一月召集の通常国会に再提出される可能性がある)

終章

剣《つるぎ》を打ち直して鋤《すき》とし 槍《やり》を打ち直して鎌《かま》とする（イザヤ書二・四）

～戦後百年目指し真の独立国に～

わが国は一九五二年講和条約発効により主権を回復しましたが、戦後七十六年になる今も日米安全保障条約（安保条約）により米軍が駐留し、米国に従属しています。この安保条約は日米双務的な条約（五条、六条）なのですが、トランプ大統領の条約不平等論に脅され、調査名目で昨年一月からは海上自衛隊が中東沖に派遣され監視作業を続けています。

安保条約による米軍駐留が憲法違反であるとした伊達判決を、最高裁が統治行為論で退けてから六十二年、昨年も安倍首相は広島・長崎の平和式典で核兵器使用禁止条約にはまったく触れませんでした。憲法よりも安保条約を優先させているからです。米国の核の傘の下で、即ち、安保条約の下で、わが国が核廃絶、核兵器使用禁止条約賛成を叫ぶことはそもそも欺瞞なのです。憲法九条は武力と武力による威嚇を放棄しているからです。

また集団的自衛権が付与された自衛隊も安保条約同様、憲法九条を明白に超える存在です。戦後は与党も野党も国民も、安保条約と自衛隊という二つの欺瞞を心に抱きつつ歩んできました。このことが国民、特に若者の自立心と正義感と責任感の弱さ、政治不信と政治的無関心を育んできて、現在のような主体性のない国となってしまったのです。

今後、真に自立した独立国となるために、この安保条約を解消して平和条約を結び、自衛隊を災害救助隊と防衛隊に分け、災害救助隊は国内の災害にとどまらず、国外の災害にもいち早く駆け付けることができるようにし、防衛隊は戦力を漸次《ぜんじ》縮小して、戦後百年には、憲法九条通りの「剣《つるぎ》を打ち直して鋤《すき》とし　槍《やり》を打ち直して鎌《かま》とする」（イザヤ書二・四）非武装国として、世界平和に貢献することが、わが国が歩む「平和への道」だと信じています。

（二〇二〇年八月十五日・戦後七十五年の新聞投稿文を二〇二一年一月修正したもの）

あとがき

戦後七十六年、憲法九条を骨抜きにし、「平和への道」とは真逆の「戦争への道」を歩もうとする政権がこれからも続きます。前著の「あとがき」に「いつに変わらない神を畏れない人間社会に、聖書の言葉はますます必要になってくると思います。また、キリスト教的世界観、人間観に立って平和問題、社会問題に対して発言し、行動していくことが必要です」と、書きました。今回もその思いが強まり、本著を発刊することにしました。

その後押《あとお》しとなったのは、「はじめに」と「序章」に謝意を表した方々と、読んでいただいた方々からの励ましの言葉でした。

高校時代の級友、樋口龍雄氏（東北大学名誉教授・現東北工業大学理事長）からの思いがけない称賛のメールに気を良くして、勇気を出してお送りした樋口陽一氏・晟子氏ご夫妻（東北大学・東京大学名誉教授、憲法学者、『憲法入門』『近代立憲主義と現代国家』勁草書房、等、龍雄氏の五歳上の兄上・仙台一高ＯＢ、晟子氏は宮城学院中高ＯＧ、元東北福祉大学社会福祉学科教授）からのお葉書には、お二人のコメントがあり、「……私にとってなじみの薄かった『旧約』のお諭《さと》しのところから読みはじめています。愛隣幼稚園（五橋）の園児だったころを急に思い出しています。『怒りの声』を心に留めて下さったことに感謝しつつ、『日刊ゲンダイ』を除いて大手メディアから徹底的に無視され挫折した経緯に、私自身『怒り』が未だに収まらずにいます。形式的な基準に沿って対応すれば無難、という横並主義らしいのですが、日本メディアの悪癖です。……宮城学院に学びながら不勉強で……益々のご健康をお祈り申し上げます。四月十三日」とありました（「怒りの声」、二〇一六・一一・二、朝日新聞「声」、前著二五四頁）。今回も是非お読みいただくことを願って、本著は聖書の順の通り、旧約聖書の話から記載しました。

また、いち早くいただいたインマヌエル浜松キリスト教会牧師の蔦田直毅氏（祖父の蔦田二雄氏は戦後、イムマヌエル綜合伝道団の創設者）の三月十七日のお手紙には「……戦争を知らない世代が政治や教育の先頭に立ち、オイルショック、バブルやバブル崩壊を知らない世代も社会人に加わっています。歴史や過去に興味もなく、四角い小さな画面の中の情報だけに興味を示す世代に、どのように福音を伝え、また戦争や終わりの時に備えるための警鐘を鳴らすことが出来るのか、困難を覚える時代になっていることを感じます。教育の第一線からは退かれたとはいえ、今の時代にとって貴重な証人としてますますご活躍なさいますよう……」とありました。

石丸新牧師（元日本キリスト改革派仙台教会牧師、四国学院大学名誉教授、『戦時下の教会が生んだ賛美歌』いのちのことば社、等）からは「……先ずは、『声』の投稿を、新聞で読んだときのことを想い起こしながら熟読し、次いで始業礼拝での奨励を一一七頁まで読み、後半を大いに期待しながら、このはがきを認《したた》めています。思いは一つ、志も一つです。『はじめに』四頁にあるとおり、『何かおかしい』と思ったときには『かなりおかしく』なっているのです。二〇一九年三月二十六日」とあり、十月九日には「……奉安殿は今も各地に『温存』されています。戦前の校歌の『民主化』にはかなりの年数を要しました。調査・研究に値する課題です」といただきました。

今回も主な読書対象者をミッションスクール卒業生と願っていますが、肝心の在職校の卒業生に発刊の知らせをする手立てがなく、昨年のホームカミングデーでは急遽、院長の計らいで出版社からのチラシの裏に、山形孝夫氏（元宮城学院女子大学学長・名誉教授、『砂漠の修道院』平凡社、一九八八年日本エッセイスト・クラブ賞受賞、等）からのお便りを印刷したものを、約百七十名の出席者に配布できました。

このお便りには、「……御著『平和への道～傷ついた葦を折ることなく～』を読ませていただき、感銘ひとしおでした。今日の深い暗闇の中を、希望もなく生きている若者たちに、いかに生き生きと生きることができるか、それを近代国家の暗闇を引きずった西欧中心の神学的思考からではなく、自分の、これまで生きてきた人生から聖書のイエスに問いかける……貴兄のメッセージには、借り物ではない本物の光があります。時代と向き合いながら、襟を正して生きている貴兄の素顔が、素直に表現されている……感心しながら読みました。ひとに推奨します。四月二十八日」とあり感謝でした。

その他にも、お礼を述べなければならないお便りはありますが最後に、黒滝正昭氏（宮城学院女子大名誉教授、社会思想史、『私の社会思想史』成文社、等）からの便りをご紹介し、謝意を表したいと思います。「……漸く読了いたしました。どの章、節も味わい深く、聖書の奥にあるものを新鮮に聴かせていただきました。『少年H』は映画で観ておりましたが松尾さんと身近な事と知って驚きました。また、読書の幅が広いだけでなく、肝腎な点が各始業礼拝に取り込まれているので、大変説得力を感じました。生徒の疑問や反応（一三五、二三一頁）も鋭いものだと思いました。一つ誤植『暫時』は『漸次』（二六一頁）……どうぞお元気で今後も平和への道を歩みつづけてくださいますよう！　二〇年九月一日」と書かれていました。

お便りをくださった皆様に心から御礼申し上げますとともに、前著の「あとがき」に上げさせていただいた多くの皆様にもあらためて感謝を申し上げます。

また、数十回を超える国会傍聴のたびに、紹介議員となってくださいました照屋寛徳議員と久保睦美秘書、福島瑞穂議員と中島浩氏はじめ秘書の皆様に厚く御礼申し上げます。

独立した日本学術会議の人事に政権が介入することは学問の自由を侵すものであり、過去の歴史に学ばない愚かな行動です。「戦争は国会から始まる」ことを思い、これからも注視していきたいと思います。

前著は表紙絵を描いてくださった画家の原田満佐子氏（原田日出国牧師夫人、女子学院ＯＧ）のご協力を得て、多くの同氏の知人、教会関係者、女子学院同窓生の皆様に読んでいただきました。前宮城学院同窓会長、清水惠子氏にも多大なご協力をいただきました。感謝に堪えません。

今年もどこの同窓会も自粛なので、どのようにしてこの本の出版を知っていただくか苦慮しています。是非、皆様のご協力をお願い申し上げます。

新型コロナウイルス感染はじめさまざまな災害や地球規模の環境悪化、いつ巻き込まれるかも知れない戦争への不安など、悩みは絶えないのですが、多くのミッションスクール卒業生がこの時期、母校を思い聖書や教会の存在を再認識していただけたらと願っています。

最後に今回も、個人的な著作とも思える本著の発刊に、前著に引き続き推薦者になっていただいた池田香代子氏、早野透氏、山田厚史氏と煩雑な編集作業にご尽力くださいましたいのちのことば社の編集長田崎学氏はじめスタッフの皆様に厚く御礼申し上げます。

宮城学院中高校長就任以来、連れ合いともども公私ともにお世話になりました大沼隆・潤子先生ご夫妻に心より感謝申し上げます。

最後までお読みいただいた皆様の上に主の御守りと祝福がゆたかにありますようお祈りいたします。

二〇二一年(戦後七十六年)二月十一日、信教の自由を守る日

松尾光章

松尾光章（まつお・みつあき）

1939 年　東京に生まれる
宮城県仙台第一高等学校・岩手大学工学部応用化学科卒業
呉羽化学（クレハ）錦工場勤務の後
1965 年～ 2003 年　宮城学院中学校・高等学校教師（理科・化学担当）
2003 年～ 2005 年　同校非常勤講師
2005 年～ 2009 年　東北学院榴ヶ岡高等学校非常勤講師
日本橋聖教会（旧日本橋芳町ホーリネス教会），日本キリスト改革派仙台教会，日本キリスト教団内丸教会（1962 年受洗），日本キリスト教団勿来教会，
日本キリスト改革派仙台教会（1965 年転入～　引退長老）

平和への道 II
――ほのぐらい灯心を消すことなく

2021年 3 月10日発行

著　者　松尾光章
印刷製本　日本ハイコム株式会社
発　行　いのちのことば社
〒164-0001 東京都中野区中野2-1-5
電話 03-5341-6923（編集）
03-5341-6920（営業）
FAX 03-5341-6921
e-mail:support@wlpm.or.jp
http://www.wlpm.or.jp/

ISBN978-4-264-04245-7